Dir wünsche ich
ein richtig gutes
Leben!

signature

Kerstin Hack: Das gute Leben. Was ich in 50 Jahren, vier Monaten und sieben Tagen über Leichtigkeit und Lebensfreude entdeckt habe.
© 2017 Down to Earth • Laubacher Str. 16 II • 14197 Berlin
www.down-to-earth.de • info@down-to-earth.de

Illustrationen und Layout: Monika Avakian
Umschlaggestaltung: www.michaelzimmermann.com
Coverfoto: shutterstock.com - Roman Samborskyi
Lektorat: Rima Häring, Bettina Stockmayer
Druck und Bindung: Drukarnia Dimograf Sp. z.o.o., Polen
ISBN Down to Earth: 978-3-86270-961-8
ISBN E-Book: 978-3-86270-962-5
Bestell-Nr. 3044961

Dieses Buch erscheint auch als Lizenzausgabe bei:
© 2018 SCM Hänssler in der SCM Verlagsgruppe GmbH • Max-Eyth-Str. 41 • 71088 Holzgerlingen
www.scm-haenssler.de • info@scm-haenssler.de
ISBN SCM Hänssler: 978-3-7751-5856-5
Bestell-Nr. 395.856

Das Werk ist urheberrechtlich geschützt. Jede Verwertung ist ohne Zustimmung des Verlages unzulässig. Das gilt insbesondere für Vervielfältigungen, Übersetzungen, Mikroverfilmungen und die Einspeicherung und Verarbeitung in elektronischen Systemen. Bibliografische Informationen der Deutschen Nationalbibliothek sind im Internet unter http://dnb.dnb.de abrufbar.

Auch als E-Book erhältlich: u.a. unter www.down-to-earth.de/e-books

INHALTSVERZEICHNIS

- Das gute Leben – die Basics 7
- Vision & Kreativität 25
- Ordnung & Struktur 51
- Sinn & Produktivität 77
- Feiern & Höhepunkte 103
- Energie & Lebensfreude 129
- Beziehung & Nähe 155
- Reflexion & Ausrichtung 181
- Ruhe & Regeneration 207
- Nach dem Ende geht es weiter 233

DANKE ...

- RIMA – FÜR HILFREICHES UND ERMUTIGENDES FEEDBACK
- ANDREA UND BETTINA – FÜR DETAILGENAUE ENDKORREKTUREN
- MONIKA – FÜR LEBENDIGE, HUMORVOLLE ILLUSTRATIONEN
- ALLEN CROWDFUNDERN – FÜRS ERMÖGLICHEN
- MICHAEL – FÜR VERLÄSSLICHE DRUCKABWICKLUNG
- JUDITH UND CHRISTIANE – FÜR ALLES ORGANISATORISCHE

DEIN GUTES LEBEN DARF BEGINNEN

Eine Hochzeit in der Verwandtschaft wollte ich unbedingt mitfeiern. So kam ich 1967 einige Wochen vor dem errechneten Geburtstermin zur Welt. Seitdem habe ich mein Leben mal mehr, mal weniger genossen. Und ich will es verstehen und alles darüber lernen, wie man das Leben auf dieser Welt möglichst gut lebt.

Mein Traum von einem guten Leben: klar, voller Begegnung, Freude und Leichtigkeit und so, dass es Mitmenschen bereichert und stärkt. Ich habe besonders nach praktischen Ansätzen gesucht, die das Leben leichter, schöner, stärker und sicherer machen. Und weil ich es kurz und bündig mag, habe ich meine Entdeckungen in prägnanten Sätzen zusammengefasst.

52 Sätze allein wären dann doch etwas zu trocken. So habe ich zu jedem etwas erklärt und einige der Geschichten erzählt, die das Leben so schreibt. Und weil zum guten Leben auch Schönheit gehört, habe ich die Illustratorin Monika Avakian gebeten, das Buch zu gestalten.

Am Ende ergeben die Impulse einen bunten Blumenstrauß von Inspiration, den ich nach den acht großen Bedürfnissen im Leben angeordnet habe.

Ich hoffe, dass du diesen Blumenstrauß immer wieder gern zur Hand nimmst und dein Leben dadurch reicher und schöner wird.

Deine

Kerstin Hack

DAS GUTE LEBEN – DIE BASICS

DU DARFST EIN GUTES LEBEN LEBEN

GESCHAFFEN FÜR FREUDE

„Du darfst ein gutes Leben leben!" ist eine der zentralen Botschaften, die ich gerne anderen vermittle. Ich bin erstaunt, wie oft ich dabei auf inneren Widerstand stoße: „Wirklich? Ist das nicht egoistisch?" Oder auf Schmerz: „Mir wurde stets gesagt, ich sei nicht so wichtig und ich müsse zuerst an die anderen denken."

„Sorge gut für dich!" ist auch eine Botschaft, die ich mir selbst nicht oft genug sagen kann. Und ich freue mich, wenn mir das zunehmend gelingt. So wie gerade eben, als ich das Schreiben unterbrach, um einen prächtigen Schwan zu beobachten, der majestätisch vorbeischwamm, und einen zweiten, der kraftvoll im Wasser landete.

Gelegentlich erlauben Menschen sich nicht, gut für sich zu sorgen, weil der Druck der Aufgaben übermächtig ist. Oder weil sie tatsächlich tief im Inneren denken, sie seien nicht so wichtig. Deshalb möchte ich dieses Buch damit beginnen, die Erlaubnis auszusprechen: Du darfst ein gutes Leben leben.

Wir sind geschaffen für Lebendigkeit und Freude. Die wenigsten Eltern setzen ein Kind in die Welt, damit es sein Zimmer aufräumt, die Zähne putzt und Mathe lernt – auch wenn das dazugehört. Sie zeugen ein Kind in erster Linie, damit es lebt. Sein Leben lebt – auf seine Weise. Für sich und mit anderen.

Gut für das eigene Leben zu sorgen, ist nicht egoistisch. Dutzende von Studien ergeben, dass Menschen, die gut für sich und ihre Bedürfnisse sorgen, anderen gegenüber großzügiger und warmherziger sind also solche, die sich nicht wichtig nehmen. „Liebe deinen Nächsten wie dich selbst!" definiert klar die Selbstliebe und Selbstfürsorge als Basis für die Liebe zu anderen Menschen.

Leere Tanks füllen

„,Schiff' kommt von schief!" ist einer der Standardsätze von Helge, dem Bootsbauer, mit dem ich zusammenarbeite. Obwohl die Dinge, die er baut, dann doch meist recht gerade werden. So gerade es eben geht, wenn man versucht, auf einem alten Boot mit verbeultem Deck gerade Dielen zu legen.

Schiff kommt von schief. Schief, schiefer, Schräglage. An einem Morgen bin ich heftig gestolpert. Das Schiff lag so extrem schief, dass ich hinfiel und die Schiebetür zum Hauptraum sich ohne Berührung von selbst öffnete. Der Grund: Wir haben im hinteren Bereich des Schiffs zwei riesige Tanks, die ca. 1000 Liter fassen. In den Tank auf der Steuerbordseite fließt alles Wasser aus Dusche und Waschmaschine (für die Landratten: in Fahrtrichtung rechts). In den Backbordtank fließt lediglich das Wasser aus der Gästeküche. Viele duschende Gäste hatten den Steuerbordtank befüllt. Das Schiff war schief. Richtig schief.

Ein geniales Bild für das Leben. Vielleicht ist unser Leben wie ein Kahn. Mit mehreren verschiedenen Tanks, aus denen wir Erfrischung und Lebensenergie beziehen. Diese Tanks sind ganz unterschiedlich. Produktivität gibt Energie, Ruhe und Erholung auch.

Die einen Tanks liegen auf Steuerbord, die anderen auf Backbord. Wenn ein Tank leerläuft oder nur halb gefüllt ist, wird das Leben schief. Dann nützt es auch nichts, wenn der andere Tank Hochstand meldet.

Perfekte Ausgewogenheit im Leben ist eine Illusion. Irgendetwas bewegt sich immer. Selbst an Land. Doch wer dauerhaft schief liegt, kommt ins Stolpern.

Er kann sich nicht gut halten. Es ist gut, für die Tankfüllungen zu sorgen, die man für ein kraftvolles und schönes Leben braucht. Das ist gut für einen selbst und sogar auch für die anderen.

INSPIRATION FÜR DICH

NUR SO 'NE FRAGE
Welche deiner inneren Tanks sind gut gefüllt? Woher beziehst du deine Kraft?

NUR SO 'NE IDEE
Unternimm in den nächsten Tagen etwas, das einen deiner eher leeren Tanks mit Freude, Genuss, Nähe oder Kraft füllt. Du darfst es genießen.

BUCHTIPP
Ursula Hauer: Menschen lieben. Nächstenliebe verstehen und praktizieren, Down to Earth, 2014
Die Autorin macht klar: Nächstenliebe fängt mit Respekt an – vor sich selbst und den eigenen Bedürfnissen und denen des anderen. Ein praktischer Leitfaden.

FILMTIPP
Olle Hellbom: Pippi Langstrumpf, mehrere Filme ab 1969
Vermutlich lieben wir alle dieses rothaarige Mädchen, weil sie freundlich und mutig ist, niemanden um Erlaubnis fragt, sondern ihr Leben lebt, wie es ihr gefällt – auch wenn das nicht allen anderen in das Konzept passt.

GELASSEN BLEIBEN

Gelegentlich preisen Menschen lautstark ihre Rezepte für ein gutes Leben an. In der Regel bestehen sie aus einer einzigen Zutat. Das ist wahlweise: Du musst abnehmen, Sport machen, mehr beten, den Richtigen oder die Richtige finden, weniger arbeiten – dann wird dein Leben gut. Häufig tappt man in diese Falle – einfach nur deshalb, weil die Sehnsucht nach einem besseren Leben in uns allen steckt. Und einfache Rezepte uns vermitteln: Das könnte ich schaffen. Beim Kochen wie im Leben reicht eine Zutat in der Regel nicht für ein gelungenes Menü aus. Meist ist es eine Mischung aus mehreren passenden Zutaten, die beides genussvoll machen.

Hier stellt sich die Frage: Welche Mischung ist die richtige? Theologen, Philosophen und Coaches haben dazu verschiedene Lebensrezepte entwickelt. Sie haben viel Zeit und Energie in Forschung und Denken investiert – das ist Zeit, die du dir sparen kannst. Statt das Rad neu zu erfinden, kannst du das Vorhandene, was andere bereits entdeckt haben, für dich anpassen.

Zuerst kann man prüfen, welche Konzepte und Ideen für ein gutes Leben man bereits kennt. Einige werde ich im Folgenden vorstellen. Du kannst dich mit deinen Favoriten noch ausführlicher beschäftigen. Dann kannst du die Konzepte mit deinen Werten vergleichen.

Werte sind Überzeugungen, wie man das Leben am besten lebt. Für den einen ist Ordnung ein hoher Wert, für andere Flexibilität. Werte übernehmen wir aus unserer Kultur, Weltanschauung und Biografie. Meist übernimmt man Werte unbewusst – durch Kontakt mit dem Umfeld. Kaum jemand stellt sich hin und sagt plötzlich: „Ich bin Deutsche, deshalb wähle ich den Wert Ordnung!" oder „Ich bin Hindu, deshalb wähle ich eine vegetarische Lebensweise."

Weil man viele Verhaltensweisen und die damit verbundenen Werte in der Regel eher passiv aufnimmt, kann es klärend sein, die eigenen Werte zu benennen und zu priorisieren. Danach kann man überlegen, welche Lebensweise zu einem passt. Gerne auch inspiriert durch die Lebenskonzepte, die andere Menschen basierend auf ihren Werten entwickelt haben.

EINIGE BEWÄHRTE LEBENSKONZEPTE

Ora et labora: Geistliches Leben-Arbeitsleben-Balance

Dieses Begriffspaar prägten die Mönche des Mittelalters: Bete und arbeite. Sie entwickelten praktische Strukturen für die Umsetzung, z. B. Gebet zu bestimmten Zeiten, um den praktischen wie auch den geistlichen Aspekten ihres Lebens Raum zu geben.

Aktivität-Ruhe-Balance

Verschiedene Traditionen betonen, wie wichtig Zeiten der Nichtaktivität sind. Den Rhythmus von Aktivität und Ruhe und/oder Besinnung und Meditation. Manche sind religiös verwurzelt, andere – wie etwa Feldenkrais oder Muskelentspannung nach Jacobson – fokussieren auf den Körper.

Work-Life-Balance

Auch wenn es aktuell sehr populär ist – ich halte den Begriff Work-Life-Balance für unglücklich gewählt, weil er suggeriert, dass Arbeit kein Leben ist. Sonst müsste man sie ja nicht mit dem Leben ausgleichen. In der Realität ist es so, dass gerade engagierte Menschen auf der Arbeit oft mehr Leben und Energie spüren als im privaten Kontext. Dennoch bietet das Konzept für manche eine hilfreiche Richtschnur.

Well-being-Balance

Tom Rath leistete mit seiner Forschungen und dem Buch Wellbeing 2.0 einen fundierten Beitrag zum Verständnis des guten Lebens. Er entdeckte fünf Bereiche für ganzheitliches Wohlbefinden:

- Finanzielles Wohlbefinden. Ein Einkommen, mit dem man alle Kosten decken kann, reicht aus.
- Körperliches Wohlbefinden. Ein starker, gesunder Körper trägt zu einem guten Leben bei.
- Berufliches Wohlbefinden: Erfüllung bei der Tätigkeit, Erfolg und angenehme Atmosphäre.
- Wohlbefinden in Beziehungen: in engen Beziehungen und im erweiterten Netzwerk.
- Community Wellbeing: Etwas im Umfeld beitragen.

Kein Konzept deckt alles ab, doch jedes kann dich für deine Lebensgestaltung inspirieren.

INSPIRATION FÜR DICH

NUR SO 'NE FRAGE
Welche Kriterien sind dir bei der Frage, wie du dein Leben gestalten möchtest, besonders wichtig? Welche der hier vorgestellten Konzepte passen am ehesten dazu?

NUR SO 'NE IDEE
Erstelle eine Liste der Werte und Prinzipien, die dir wichtig sind, oder male einen Kreis: zentrale Werte in die Mitte, weniger wichtige an den Rand. Wenn du dein Leben in enger Verbindung mit anderen Menschen lebst, bitte sie, das auch zu tun. Tauscht euch darüber aus, wie ihr die Werte leben wollt.

BUCHTIPP
Torsten Huith: Werte. Impulse, Orientierung zu finden, Down to Earth, 2011
In diesem kompakten Impulsheft erläutert der erfahrene Coach, wie man Werte entwickelt und die eigenen Werte findet.

FILMTIPP
Erik Gustavson: Sophies Welt, 1999
Basierend auf dem Buch von Jostein Gaarder erzählt der Film von Sophie, die über philosophische Fragen Tiefes über ihr eigenes Leben erkennt. Ein entspannter Einstieg in die Welt der Philosophie.

ALLER GUTEN DINGE SIND ACHT

RUNDUM GUT GELEBT

Es gibt zwei Sorten von Menschen. Die einen, die mich als kreativ bezeichnen, die anderen, welche die bunte Vielfalt meines Lebens eher als leicht chaotisch empfinden. Falls man Begriffe wie richtig und falsch verwenden mag, liegen vermutlich beide richtig.

Mein Kopf produziert ständig Neues. „Gehen dir nie die Ideen aus?", werde ich gelegentlich gefragt. Ich kann nur schmunzeln: Meine aktuelle Liste mit Ideen für Projekte ist über 100 Punkte lang.

Dazu kommen die vielen To-dos, die zu meinem Leben als Verlegerin dazugehören. Stand heute: 112 neue Mails, 41 berufliche und 13 private To-dos auf meiner schicken elektronischen Liste. Puh.

Das ist manchmal schon ein bisschen chaotisch. So wie in der Schöpfungsgeschichte. Da wird das Chaos beschrieben, das zugleich leer und wüst war. Das hebräische Wort für dieses heillose Durcheinander, *Tohuwabohu*, hat es bis in die deutsche Sprache geschafft.

Nur – wie ordnet man das Tohuwabohu? Wie verliert man in dem vielen, das oft auch verwirrt, nicht den Überblick? Das war die Frage, die mich vor einigen Jahren intensiv beschäftigt hat. Denn an Tohuwabohu mangelte es mir nicht – an hilfreicher Struktur für das Gestalten des vielen durchaus.

In meiner Suche nach kreativen und dennoch umsetzbaren Strategien entdeckte ich die Struktur der Schöpfungsgeschichte. In ihr fand ich Bilder und Symbole für ein kraftvoll-gestalterisches Leben, in dem die To-dos, also die Aufgaben, erledigt wurden, aber auch das To-be, das Sein, nicht zu kurz kam.

DIE ACHT LEBENSELEMENTE

Es war alles wüst und leer. Dann handelte Gott kreativ. Er hatte eine *Vision* vor Augen von dem, was er schaffen wollte. Und begann – mit Licht. Anschließend brachte er *Ordnung* in das Ganze: Er schob die Wassermassen an ihren Platz.

Weil zu einem Leben mit Sinn auch *Produktivität* gehört, schuf er Pflanzen, aus deren Samen wieder neue Pflanzen entstehen konnten.

Ein eintöniges Leben ist ziemlicher Einheitsbrei – um das zu verhindern, schuf Gott die Gestirne, die besondere Zeiten als *Höhepunkte* markierten. „Es wimmelt vor Leben!" heißt es in der Beschreibung der Fische und Vögel, die dann geschaffen wurden – ein wunderbares Bild für *Energie und Lebensfreude*.

Zu gutem Leben gehört *Reflexion* ebenso wie Menschen, mit denen man reflektieren und *Beziehung* leben kann – beides schuf Gott als Nächstes. Und schließlich feierte er die *Ruhe* – als Schlusspunkt seiner kreativen Phase und als Anfangspunkt für das Leben der Menschen.

Diese acht Lebenselemente, die in der biblischen Schöpfungsgeschichte mit so kraftvollen Bildern beschrieben werden, berührten mich tief. Mir wurde klar: Ich brauche alle acht Elemente für ein rundum gutes Leben. Alle. Punkt.

Ich dachte: Ich bin geschaffen nach Gottes Bild. So wie er bin ich auch. Zumindest ein gutes Stück weit. Und so habe ich mein Leben mithilfe der acht Elemente strukturiert. Am ersten Tag der Woche nehme ich mir besonders viel Zeit für Kreatives, am zweiten für Ordnung usw.

Darüber habe ich auch mein erstes Buch geschrieben: *Swing. Dein Leben in Balance.* Bis heute helfen diese acht Elemente mir, mein Leben zu gestalten.

INSPIRATION FÜR DICH

NUR SO 'NE FRAGE
Betrachte einmal die acht zentralen Lebenselemente. Welche davon erkennst du in deinem Leben wieder – wie sieht das konkret in deinem Leben aus?

NUR SO 'NE IDEE
Lies einmal die Schöpfungsgeschichte in der Bibel. Du findest sie in 1. Buch Mose, Kapitel 1. Wenn du keine gedruckte Bibel zur Hand hast, kannst du den Text auch online lesen. Beobachte dich beim Lesen selbst: Welche Handlungen und Bilder sprechen dich besonders an?

BUCHTIPP
Kerstin Hack: Swing. Dein Leben in Balance, Down to Earth, 2007
In diesem Buch zeige ich ausführlich auf, wie ich die Beschreibungen der Schöpfungsgeschichte als Bilder für ein kraftvolles Leben entdeckt und ganz praktisch umgesetzt habe.

FILMTIPP
Gönne dir mal einen oder mehrere Naturfilme – wenn du online den Begriff „Naturfilm" eingibst, findest du viele wunderbare Videos.

DAS FEHLENDE FINDEN

Mit Chemie habe ich es nicht so. Das fängt schon damit an, dass ich nicht weiß, wie man den Namen dieser Naturwissenschaft ausspricht. In Franken, wo ich aufgewachsen bin, sagt man Kemie dazu, in Berlin, wo ich lebe, spricht man es Schemie aus. Bei aller Liebe zu Berlin finde ich die süddeutsche Variante doch logischer – ich spreche ja auch nicht von Schristus und Schristen.

Das ist nur das eine Problem. Das andere ist, dass mir das analytische Denken, das nötig ist, um Chemie zu verstehen, nicht in die Wiege gelegt wurde. Ob das nun H_2O ist, was ich trinke, und nicht ein erfrischendes OH_2, bleibt mir bis heute ein Rätsel.

Einzig der Chemiker Justus von Liebig hat es geschafft, den Nebel meines chemischen Nichtverständnisses zu durchdringen. Das liegt vielleicht daran, dass er sich mit einem Gebiet beschäftigt hat, was mir naheliegt: Ackerbau und Landwirtschaft. In seinem Werk *Die organische Chemie und ihre Anwendung auf Agricultur und Physiologie* (1840) beschreibt er das von ihm entdeckte Prinzip: Eine Pflanze braucht bestimmte Spurenelemente. Wenn eines davon nicht in ausreichender Menge vorhanden ist, wächst die Pflanze nicht richtig und bringt geringeren Ertrag.
Wenn ein Element – das Minimum – fehlt, nützt es nichts, von einem anderen Element mehr zu haben. Fehlt Salz, bringt Phosphor auch nichts. Oder wenn dem Körper Eisen fehlt, helfen mehr Vitamine kaum. Mehr vom Guten macht es auch nicht besser.

Weil er nicht nur klug, sondern auch ein anschaulicher Lehrer war, entwickelte er das Bild der Minimumtonne, um seine Erkenntnisse auch in den Köpfen weniger kluger Menschen zu verankern. Das Wasser in der Tonne steht für die maximale Kapazität.

Die maximale Füllmenge ist von der niedrigsten Latte (in der Fachsprache Fassdaube) begrenzt. Will man mehr Wasser in die Tonne füllen, nützt es nichts, einige der längeren Dauben noch länger zu machen. Jedoch führen schon relativ kleine Verbesserungen bei der kürzeren Daube zu einer drastischen Erhöhung des Fassungsvermögens.

DAS FEHLENDE ELEMENT ENTDECKEN

Das, was Justus von Liebig für das Leben der Pflanzen entdeckt hat, übertrug ich aufs Leben im Allgemeinen. Der Inhalt des Fasses symbolisiert die gesamte Lebensqualität. Die einzelnen Latten oder Dauben stehen für die acht Lebenselemente.

Ein paar Erkenntnisse aus der Chemie für das Aufblühen des Lebens

- Meistens sind viele Elemente schon in guter Menge vorhanden. Menschen spüren intuitiv, was sie brauchen, und sorgen relativ gut dafür.
- Häufig genügen schon kleine Verbesserungen, um die gesamte Lebensqualität zu erhöhen.
- Viele Menschen neigen dazu, mehr von dem zu tun, was ohnehin schon funktioniert, wenn sie ihr Leben verbessern wollen. Sie arbeiten noch mehr, sind noch kreativer usw. Doch: Mehr von etwas, was schon stark vorhanden ist, macht das Leben nicht besser.
- Es muss etwas geändert werden, wenn es anders werden soll – logisch.
- Eine kluge Analyse dessen, was häufig oder chronisch zu kurz kommt, ist der Anfang der Verbesserung. Also, schau genau hin: Was fehlt mir?

Auch in Bezug auf unser gesamtes Leben verhält es sich wie in der Landwirtschaft. Umstände, Rahmenbedingungen – Sonne, Regen, Wind und Stürme – haben wir nicht in der Hand. Doch wir können dafür sorgen, dass der Boden, auf dem die Früchte unseres Lebens wachsen, bestmöglich mit dem versorgt ist, was wir brauchen. Dann blüht das Leben auf: Emotionen, Beziehungen, körperliche und geistige Vitalität. Manchmal ist ein bisschen Grundwissen in Chemie – wie auch immer man das ausspricht – gar nicht schlecht.

Die Lebenselemente eignen sich als Strategie für den Aufbau eines guten Lebens. Sie sind aber auch als Anaylsewerkzeug nützlich, mit dessen Hilfe man schnell die Ursachen für Unwohlsein erkennt. Dann kann man bewusst gegensteuern.

Vor Kurzem war ich lust- und antriebslos. Eher untypisch für mich. Mir wurde klar, Energie und Ruhe durch Bewegung fehlte. Also sorgte ich dafür – und gewann schnell meine Vitalität wieder.

INSPIRATION FÜR DICH

NUR SO 'NE FRAGE
Welche ein bis drei Lebenselemente kommen bei dir häufig zu kurz? Was könntest du konkret tun, um ihnen in den nächsten Tagen mehr Raum zu geben? Die Liste der Lebenselemente findest du im vorherigen Kapitel.

NUR SO 'NE IDEE
Male dir deine eigene Minimumtonne. Markiere darauf, welche Lebenselemente üblicherweise gut Raum finden, welche weniger. Wenn du magst, schreibe noch Ideen dazu, wie du die einzelnen Elemente gut ausleben kannst.

BUCHTIPP
Große Ernte auf kleinstem Raum, DK Verlag, 2016
Die Natur ist der beste Lehrer. Es kann viel Freude machen, Kräuter, Blumen und Gemüse zu säen und zu ernten und dabei zum Beispiel die Auswirkungen von unterschiedlichem Boden oder Standorten zu beobachten.

FILMTIPP
Éric Besnard: Birnenkuchen mit Lavendel, 2015
Die Witwe Louise ist eine begnadete Köchin, doch ihr fehlen die analytischen Fähigkeiten, um ihren Hof wirtschaftlich erfolgreich zu machen. Das fehlende Element kommt überraschenderweise mit dem kontaktgestörten Pierre in ihr Leben.

DEM LICHT ENTGEGEN

Meine Karriere als Hobbygärtnerin habe ich auf einem Balkon begonnen – mit Tomaten. Die Anfänge waren frustrierend: Die einzige Tomate am Strauch stürzte sich am Tag vor der geplanten Ernte zum Sonntagsfrühstück vier Stockwerke in die Tiefe.

Damit, dass Tomaten suizidale Tendenzen haben könnten, hatte ich nicht gerechnet und war – nach monatelanger Pflege – schwer enttäuscht.

Aufgeben ist nicht so mein Ding und so habe ich neu begonnen. Jetzt habe ich den ein Meter breiten Streifen zwischen der Uferbefestigung und einem Zaun mit Tomaten verschiedener Sorten bepflanzt. Dort gedeihen sie prächtig. Ich habe schon Dutzende geerntet und meist direkt am Strauch verzehrt. Ein Hochgenuss.

Was mich erstaunt, ist, wie rasant sie wachsen. Einige sind bereits zwei Meter hoch! Damit das Wasser, das ich mühsam mit Eimern herantrage, bei den Früchten landet, entferne ich fast täglich überschüssigen Blattwuchs. Ich bin erstaunt, wie viel und wie schnell die Pflanzen wuchern. Wie machen die das? Sie wachsen einfach zum Licht hin.

Manche Menschen klagen, dass sie keine klare Vision für ihr Leben haben. Dabei ist es gar nicht so schwer, eine eigene Sicht zu entwickeln. Wie bei Tomaten beginnt auch beim Menschen die Entwicklung seines in ihm liegenden Potenzials mit dem Sehen. Vision ist nichts anderes als das lateinische Wort für „sehen".

Es steckt etwas in ihnen – ihre Genetik –, die vor allem durch das Licht geweckt wird. Sie bemühen sich nicht darum, etwas anderes zu sein. Auf dem Weg zum Supermarkt wächst auf einem Baugrundstück eine Tomate und Wein. Sie sind verschieden, stützen sich aber gegenseitig und wurden beide vom Licht zum Leben erweckt.

ZWEI GEHEIMNISSE DES SEHENS

Im Grunde ist das Entwickeln einer Vision nicht so schwer, wie viele denken. Im Kern geht es nicht darum, etwas zu tun, sondern das, was in uns steckt, durch die Begegnung mit dem Licht zum Leben erwachen zu lassen. Zwei Dinge finde ich hierbei hilfreich.

Störende Lichtquellen ausschalten

Heinz, der Hahn meiner Nachbarn, kräht zu allen möglichen und unmöglichen Zeiten. Das liegt meiner Ansicht nach daran, dass er nachts vom Flutlicht der Sicherungsanlage beleuchtet wird und dadurch seine innere Zeitschaltuhr einen Defekt erlitten hat.

Ähnlich geht es Menschen, die viel auf das künstliche Licht verlockender Angebote blicken – das irritiert die Aufnahme des echten Lichts. Das können Werbebotschaften oder auch Vorstellungen anderer Menschen aus Familie und Freundeskreis sein, die alle ihre Ideen haben, was man sein und tun sollte.

Um das Eigene zu spüren, kann es hilfreich sein, eine Weile Inspiration von außen durch Medien und andere Menschen bewusst zu reduzieren.

Spüren: Wo hat Licht mich erreicht?

Um innere Sensibilität für das, was einem entspricht, zu stärken, kann das Examen hilfreich sein. Das ist eine von Ignatius von Loyola entwickelte Praxis der Selbstprüfung. Ich mag am liebsten die Form, sich am Abend zu fragen: Wann war ich heute am meisten lebendig und ich selbst? Wann war ich am wenigsten lebendig/ich selbst?

Wer das eine Weile lang praktiziert und eventuell sogar die Ergebnisse notiert, entdeckt: Das entspricht mir, jenes nicht. Das laugt mich aus, jenes beglückt mich. Ich habe beispielsweise gemerkt, wie sehr Vögelbeobachten mich stärkt. Daraus kann man dann Schlüsse ziehen, wofür man sich mehr öffnen und was man im Leben fördern möchte.

INSPIRATION FÜR DICH

NUR SO 'NE FRAGE
Was weckt deine innere Lebendigkeit? Was ruft dich zum Leben?

NUR SO 'NE IDEE
Praktiziere eine Weile lang das Examen – ich empfehle einen Zeitraum von vier Wochen oder mehr. Frage dich täglich, am besten abends:
- Wo war ich heute besonders lebendig und ich selbst?
- Wo war ich heute am wenigsten lebendig und ich selbst?

BUCHTIPP
Tobias Zimmermann: Ignatius von Loyola. Einer, der Gott in allen Dingen fand, Down to Earth, 2016
Dieses Impulsheft erzählt die spannende Geschichte eines Ritters, der entdeckt, was ihn zutiefst lebendig macht. Es erläutert auch seine Prinzipien und Vorgehensweisen.

INTERNETTIPP
Der Seele auf die Spur kommen will gelernt sein. Regelmäßige Einübung stärkt die Seele. Eine gute Hilfe bieten die sogenannten geistlichen Übungen.
www.gcl.de/downloads/130131-vierundzwanzig-geistliche-uebungen-copy.pdf

DER KERN DER BERUFUNG

Eng mit Vision ist auch das Thema Berufung verknüpft. Es gibt kaum eine Frage, die ich im Coaching oder bei Seminaren häufiger gestellt bekomme als: „Wie finde ich meine Berufung?" Und kaum etwas, was ich darauf lieber sage als: „Du lebst sie schon!"

Das meine ich ernst. Unter Berufung verstehen viele Menschen eine Art inneres Erkennen: „Genau das ist meine Lebensaufgabe!" Diese Vorstellung ist gestützt von den Geschichten von Menschen, die ein spirituelles Berufungserlebnis zu einer bestimmten Aufgabe hatten. Oder von anderen, die plötzlich wussten: „Dafür bin ich auf der Welt."

Verbunden mit der Sehnsucht nach der Berufung ist die Erwartung, dass dann das Leben klarer und erfüllender ist. Viele denken, dass man, wenn man die eigene Berufung gefunden hat, gar nicht anders kann, als dauernd zufrieden und glücklich zu sein.

Man kann. Es stimmt: Klar einen Auftrag zu finden oder zu wählen, dem man folgen will, trägt zur Zufriedenheit im Leben bei. Doch selbst Menschen, wie der Urwalddoktor Albert Schweitzer, die um eine klare Berufung wussten, waren nicht dauerhaft glücklich.

Jeder – egal, ob mit klar definierter Berufung oder nicht – hat mit Schwierigkeiten und Herausforderungen durch Krisen, Mitmenschen und die eigenen Schwächen zu kämpfen. Deshalb halte ich es für eine Illusion, zu glauben, das Wissen um eine Berufung würde das Leben fast automatisch glücklicher machen.

Ich denke, dass es entlastend ist, erst einmal zu erkennen: Der Kern jeder Berufung liegt nicht im Außen, sondern in uns. Wir können nichts anderes tun als das, wozu wir fähig sind, weil wir sind, wer und wie wir sind. Wer existiert, ist berufen – zu sein, wer er ist.

BERUFUNG NICHT FINDEN, SONDERN WÄHLEN

Die Vorstellung, man muss irgendwo – womöglich noch durch ein besonderes Erlebnis – die eigene Berufung finden, löst bei vielen Druck aus. Deshalb spreche ich lieber davon, Berufung zu wählen. So ähnlich wie man ein Kleidungsstück wählt, das zu einem passt.

Mich fasziniert, wie in der Bibel Berufung mit vier zentralen Aspekten beschrieben wird.

- **Berufung zum Sein**
  „Geschaffen nach dem Bild Gottes" – wer existiert, ist berufen zum Sein.
- **Berufung zur Beziehung**
  Der Mensch ist berufen, in Verbindung zu leben – mit Gott und Mitmenschen.
- **Berufen, Gaben und Talente einzusetzen**
  In dieser Welt sollen wir unsere Fähigkeiten zum Wohl aller einsetzen.
- **Berufen zu konkreten Aufträgen**
  Die ganz speziellen Aufträge und Rollen, die manchen Menschen gegeben werden.

Jeder Mensch ist etwas Einzigartiges. Wenn er das zum Ausdruck bringt, erlebt er Lebendigkeit. Mein sprudeliges Ich spiegelt etwas anderes von Gott wider als die stillere, kunstfertige Moni, Illustratorin dieses Buches. Wer existiert und gemäß seinem Wesen und seiner Fähigkeiten handelt, lebt in seiner Berufung – auch ohne spezielle Aufträge.

Berufung ist immer eine Wahl – und manchmal auch eine Erwählung

Berufung ist in den meisten Fällen kein Punkt, sondern eher ein Feld, das man im Rahmen seiner Möglichkeiten wählen und gestalten kann. Ein Berufungserlebnis ist nicht zwingend erforderlich. Wohl aber eine klare Wahl: „Ja, das bin und lebe ich!"

INSPIRATION FÜR DICH

NUR SO 'NE FRAGE
Wo erlebst du bereits, dass du in dem lebst, wozu du geschaffen und berufen bist? In welchen Bereichen und Tätigkeitsfeldern erlebst du besonders stark, dass du gemäß deinem einzigartigen Wesen handelst und dich dabei fühlst wie der Fisch im Wasser?

NUR SO 'NE IDEE
Erstelle eine Liste, Mindmap oder Zeichnung von dem möglichen Feld, in dem sich deine Berufung bereits zeigt, in dem du dich weiter entfalten möchtest.

BUCHTIPP
Kerstin Hack: Begabt und berufen. Entdecke, wer du bist, und finde deinen Platz, Down to Earth, 2014
In diesem Quadro gehe ich der Frage nach der Berufung noch tiefer nach und zeige konkrete Schritte auf, wie du mehr entdecken kannst, was dir entspricht.

FILMTIPP
Mark Robson: Die Herberge zur siebten Glückseligkeit, 1958
Der Filmklassiker erzählt die Geschichte der Chinamissionarin Gladys Aylward nach. Sie erlebt eher selten klare Berufungen, wohl aber, dass Aufgaben sie finden, welche sie bejaht – bis hin zur Rettung von 100 Waisenkindern vor dem japanischen Militär.

ES GEHT EIN WEG
VOM TRAUM ZUM
SCHAUEN –
WENN MAN GEHT

ES GEHT, WENN MAN GEHT

Wer gut ins eigene Herz hineinhört, findet schlummernde Träume. Die meisten davon werden mit einem einzigen Wort in ihrer Wirksamkeit kastriert: irgendwann. Irgendwann mache ich das. Dann, wenn …" Autor Wolf Küper sagt, der todsicherste Weg, Träume zu töten, sei, zu hoffen, dass irgendwann alles passt: Kraft, Gesundheit, Geld, Zeit und Fantasie.

Küper rechnete ganz pragmatisch durch, wie hoch die Wahrscheinlichkeit ist, dass das an einem Tag geschieht. Das ernüchternde Ergebnis: 1:1 Milliarde. Bei einer durchschnittlichen Lebensdauer von ca. 30.000 Tagen wären das 3333 Leben, bis man diesen Moment erwischt – schlechtere Chancen als im Lotto.

Also wagte er es, den Traum seiner Tochter, eine Million Minuten – so der Titel seines Buches – Zeit mit ihm zu haben, zu erfüllen. Er gestaltete die Zeit mit dem, was im Rahmen seiner Möglichkeiten umsetzbar war.

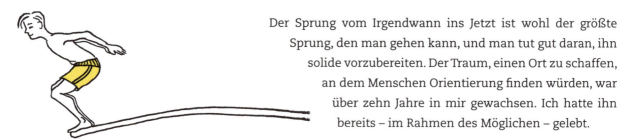

Der Sprung vom Irgendwann ins Jetzt ist wohl der größte Sprung, den man gehen kann, und man tut gut daran, ihn solide vorzubereiten. Der Traum, einen Ort zu schaffen, an dem Menschen Orientierung finden würden, war über zehn Jahre in mir gewachsen. Ich hatte ihn bereits – im Rahmen des Möglichen – gelebt.

Den Traum in großem Stil umzusetzen, war primär an fehlenden Finanzen gescheitert. Deshalb war mein Entscheidungskriterium: Wenn ich 50% der für den Ausbau benötigten Summe als zinsloses Darlehn erhalte, kaufe ich das Schiff. Dass Bauprojekte ab und an mehr kosten und länger dauern als geplant, stellte mich dann später vor ein paar weitere Herausforderungen.

Schritt für Schritt vom Traum zur Erfüllung

Wie kann der Traum, der in einem schlummert, bestmöglich Realität werden? Ich kenne zwei hilfreiche Wege, Träume aus dem Irgendwann ins Jetzt zu holen. Sie haben beide damit zu tun, das jetzt Mögliche anzupacken.

Lebe jetzt – zumindest zum Teil – ein Stück deines Traumes

Oft kann man jetzt schon etwas von dem tun, was man später mehr tun möchte. Manche Menschen träumen davon, eines Tages Schriftsteller zu sein. Viele erfolgreiche Autoren begannen damit, täglich vor ihrer bezahlten Arbeit eine Stunde zu schreiben – daraus wurde mit zunehmendem Erfolg mehr.

Den Kern meines Traumes, Menschen Raum für Orientierung zu geben, habe ich ausgelebt, lange bevor ich das Boot hatte. Ich ließ Menschen mit mir mitwohnen und begleitete sie im Leben. Andere Menschen nehmen sich täglich eine Stunde Zeit, um etwas zu lernen oder zu recherchieren, was zu ihrem Traum gehört.

Fange mit dem kleinstmöglichen Teil an

Jede Umsetzung fängt mit einem kleinen Schritt an, der jetzt gegangen werden kann. Ein Coaching-Kunde erzählte mir vom Traum gemeinschaftlichen Lebens, der einst geplatzt war, weil seine schwangere Freundin nicht mehr in einem besetzten Haus ohne fließend Wasser wohnen wollte. Doch der Traum blieb.

Wie er ihn denn umsetzen könnte? Er nannte Großes: Suche nach Partnern, Banken usw. Wir verkleinerten das, bis der erste, sofort mögliche Schritt klar war: Ein vorhandenes Grundstück fotografieren und zum Verkauf anbieten, um Finanzen zu generieren. Die Umsetzung des Traumes konnte beginnen. Wer den ersten Schritt gefunden hat, kann losgehen.

INSPIRATION FÜR DICH

NUR SO 'NE FRAGE

- Welcher Traum schlummert noch unerfüllt in dir?
- Was würdest du tun, wenn du mutig wärst oder genau wüsstest, dass nichts schiefgehen kann?
- Wie kannst du ihn jetzt schon – zumindest ein kleines bisschen – leben?
- Was wäre der erste, klitzekleine Schritt, den du jetzt gehen kannst, um zu beginnen?

NUR SO 'NE IDEE

Lebe heute etwas von deinem Traum – zumindest ein klitzekleines bisschen.

BUCHTIPP

Wolf Küper: Eine Million Minuten. Wie ich meiner Tochter einen Wunsch erfüllte und wir das Glück fanden, Knaus, 2016

Ein erfolgreicher Wissenschaftler steigt für zwei Jahre aus und gewinnt weit mehr als „nur" eine glückliche Tochter. Die Wahrscheinlichkeitsrechnungen findet man im Kapitel „Abkürzung ins Irgendwann".

BLOGTIPP

In meinem Blog erzähle ich die Geschichte vom Bau des Schiffes von Anfang an. Den Beitrag zu Visionen findest du am 20.09.2016.
www.kerstinpur.de

KONTRAPRODUKTIVE ZIELE

In meiner Mittagspause bin ich zum Ende der Flöße geschwommen, die etwas weiter flussaufwärts an der Spree liegen. Und bevor ich wieder an Bord meines Schiffes geklettert bin, habe ich noch 80-mal kräftig ins Wasser getreten – weil das das Bindegewebe stärken soll. Das war richtig smart (englisch für klug).

SMART als Beschreibung von Zielen wurde in den 80er-Jahren von Berater George Doran entwickelt, um für die Wirtschaft Produktionsvorgaben und Ziele besser zu beschreiben. SMART steht hierbei für spezifisch, messbar, attraktiv, realistisch und terminiert. Also z. B. Erhöhung der Produktion um 10% bis Termin X. Schon bald setzte sich SMART als Zielbeschreibungs-Tool auch bei Coaches und Beratern weit über den Bereich der Produktion hinaus durch. Klienten wurden ermutigt, ihre Fitnessziele, Entwicklungsziele und Beziehungsziele smart zu definieren.

Das Problem: Smarte Ziele funktionieren nicht bei komplexen, sondern nur bei sehr einfachen Zielen, wie etwa eine Anzahl Steine von A nach B bringen. Die Gründe:

- **Wenn man auf ein Ziel fokussiert ist, raubt das Energie**
  Es gibt eine Reihe von Untersuchungen, die bestätigen, dass Menschen Aufgaben langsam erledigen, wenn man ihnen neben der Aufgabe noch das Ziel vorgibt, besonders schnell zu sein. Es kostet Kraft, eine Aufgabe und ein Ziel im Blick zu haben.

- **Der Fokus aufs Ziel macht unkreativ und angespannt**
  Das sieht man beispielsweise an Menschen, die so auf das Ziel, einen Partner zu finden, fixiert sind, dass sie ausgesprochen unattraktiv werden und ihr Ziel torpedieren.

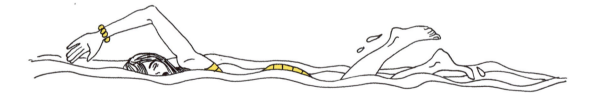

VERHALTENSZIELE UND MOTTOZIELE

Wenn klassische Zielsetzung nicht zielführend ist, was kann man dann tun? Es gibt zwei Varianten, ohne die negativen Nebeneffekte, Zielen näher zu kommen.

Verhaltensziele

Statt sich auf einen Zielpunkt, z. B. 70 Kilo auf der Waage, zu konzentrieren, definiert man das Verhalten, das man zeigen will, z. B. „Ich höre auf meinen Körper und esse nicht mehr, als mir guttut." Das Wunschziel darf man definieren und „im Bauch behalten", aber der Blick und Fokus bleibt auf das gerichtet, was man jetzt tun kann.

In meisterhafter Weise hat das einer meiner Ausbilder praktiziert. Als ihn die Unterströmung bereits mehrere Kilometer weit aufs offene Meer gezogen hatte, bemerkte er es. Er erschrak und verkrampfte so sehr, dass er nur noch seine Hände bewegen konnte. Er wusste, dass der ständige Blick aufs Ziel – den rettenden Strand – ihm Kraft rauben würde. Also konzentrierte er sich auf das, was jetzt möglich war: einen Handschlag nach dem anderen zu tun – bis er Stunden später das rettende Ufer erreichte.

Mottoziele

Mottoziele hat Maja Storch im Rahmen des Zürcher Ressourcenmodells entwickelt, das darauf abzielt, komplexere Verhaltensmuster zu erneuern – etwa geduldiger zu werden. Weil das Gehirn in Bildern denkt, hilft es, das gewünschte Verhalten in einem Bildmotto zu beschreiben. Das Gehirn leitet aus dem Bild dann das passende Verhalten ab.

In einer herausfordernden Situation wählte ich „Entspannt wie ein Vogel auf dem Nilpferdrücken" als Bild. „Menschen mit Himbeerlächeln begegnen" formulierte eine Frau, die wärmer mit Menschen umgehen und entspannter auf sie zugehen wollte. Das klingt ungewöhnlich. Doch es wirkt, weil ein Bild mehr sagt als tausend Worte und nachhaltiger ist als trocken formulierte „smarte" Ziele.

INSPIRATION FÜR DICH

NUR SO 'NE FRAGE

Wann hast du es selbst schon erlebt, dass die Formulierung eines Zieles durch dich selbst oder andere dich eher blockiert als gestärkt hat?

NUR SO 'NE IDEE

Denke über eine oder zwei deiner Herzenswünsche nach. Entwickle dazu Verhaltens- oder Mottoziele. Wichtig: Formuliere nicht die Zukunft „Irgendwann werde ich …", sondern beschreibe das gewünschte Verhalten in der Gegenwart.

BUCHTIPP

Christoph Schalk: Ziele erreichen. Wie persönliche Veränderung wirklich gelingt, Down to Earth, 2013
Der erfahrene Coach beschreibt hier das Zürcher Ressourcenmodell so praktisch und handfest, dass man selbstständig damit eigene Veränderungsziele Schritt für Schritt erarbeiten kann, um entspannt und zugleich fokussiert seinen Zielen näher zu kommen.

INTERNETTIPP

Auf der Website des Zürcher Ressourcenmodells (ZRM) findet man wissenschaftliche Hintergrundinformationen sowie einige anschauliche und humorvolle Videos, die erläutern, wie man Ziele so entwickelt, dass sie funktionieren: *www.zrm.ch*

EIN KORB VOLLER IDEEN

„Mein Partner zeigt so wenig Zärtlichkeit!", „Meine Chefin lobt mich nie!", „Die Berliner Busfahrer sind so unfreundlich." Solche Sätze höre ich im Coaching oft. Coaching-Kunden und andere Menschen spüren, dass sie etwas brauchen – beispielsweise Zärtlichkeit, Anerkennung oder zwischenmenschliche Wärme.

Jeder braucht Freiraum, Anregung, Wärme, Sinn usw. für ein gutes Leben. Manche Strategien, die man zur Erfüllung von Bedürfnissen einsetzt, können praktisch oder moralisch unangemessen sein. Die unter den Strategien liegenden Bedürfnisse sind jedoch immer berechtigt – sie zeigen, dass wir etwas zum Leben brauchen.

Das kleine Problem: Viele Menschen sind fantasielos, wenn es um die Erfüllung ihrer Bedürfnisse geht. Sie sehen nur eine oder zwei Möglichkeiten und erwarten häufig, dass andere Menschen ihre Bedürfnisse erfüllen – allen voran der Partner oder die Partnerin.

Das ist wunderbar, wenn es funktioniert. Wenn das nicht der Fall ist, weil der andere gerade keine Zärtlichkeit, Wertschätzung oder keinen freundlichen Umgangston zum Ausdruck bringen will, weil ihm selbst ein anderes, eigenes Bedürfnis wichtiger ist, dann kann das zu Hilflosigkeit, Ärger oder Depression führen.

Freier, stärker und besser dran ist man, wenn man eine Vielzahl an Möglichkeiten entwickelt hat, für die Erfüllung von Bedürfnissen zu sorgen. Coach Talane Miedaner sagt, dass uns immer mindestens drei Wege offenstehen, für die Erfüllung unserer Bedürfnisse zu sorgen: Wir können selbst dafür sorgen, wir können Freunde darum bitten, wir können den Partner darum bitten. Als gläubiger Mensch würde ich noch einen vierten Weg ergänzen: Ich kann auch meinen Schöpfer bitten, das offene Bedürfnis zu erfüllen.

ZUM BEISPIEL – EIN MORGEN VOLLER ZÄRTLICHKEIT

Als ich heute Morgen aufwachte, war mir klar, dass ein sehr intensiver Tag vor mir liegt. Es ist Freitag, zwei Dutzend Dinge, die in dieser Woche erledigt werden sollten, sind noch in Arbeit. Es stehen einige komplexe Entscheidungen und ein Anruf beim Finanzamt an. Alles in allem das, was ich als harten Tag bezeichnen würde.

Wenn man einen harten Tag erwartet, ist es gut, die inneren Tanks vorher gut mit Zärtlichkeit zu füllen. Das habe ich heute gemacht. Zwei Wege waren nicht gangbar: Es steht derzeit kein Partner für Zärtlichkeiten zur Verfügung. Es ist auch keine Freundin da, die ich um eine Nackenmassage bitten könnte. Nur der Bootsbauer und gute Freund, aber der ist eher nicht so der Typ für zarte Töne und Gesten. Also habe ich aktiv Wege gesucht, zärtlich mit mir zu sein.

Auf dem Dach meines Schiffes genoss ich Sonne und Wind auf der Haut. Ich lief übers morgennasse Gras und genoss die zarte Frische und später noch das weiche Wasser der Spree. In einer Zeit des Gebets habe ich mich auf Gottes warme Liebe zu mir besonnen. Als mir auffiel, dass ich wegen einer Unzulänglichkeit sehr hart mit mir ins Gericht gegangen war, vergab ich mir selbst. Zum Abschluss genoss ich einen cremig-leckeren Smoothie und legte mir sogar ein filigranes Armband an. Meine Tanks sind voll. Der Tag kann starten.

Ich plädiere nicht dafür, dass wir nur selbst für unsere Bedürfnisse sorgen. Es ist gut, einander zu bereichern. Doch wer zur Erfüllung von Bedürfnissen nur den Weg sieht, dass ein bestimmter Mensch dafür sorgt, wird oft enttäuscht. Oft spürt der andere unseren inneren Druck und interpretiert das als Druck gegen sich – und blockiert erst recht.

Leichter lebt man, wenn man viele Ideen zur Erfüllung von Bedürfnissen entwickelt und somit gut für sich sorgen kann. Wenn andere uns auch Gutes tun – wie wunderbar.

INSPIRATION FÜR DICH

NUR SO 'NE FRAGE

Bei welchen deiner Bedürfnisse erwartest du häufig, dass andere dafür sorgen? Für welche sorgst du meist selbst? Welche Wege stehen dir noch offen?

NUR SO 'NE IDEE

Erstelle eine Liste mit den wichtigsten Bedürfnissen, die du häufig spürst. Entwickle für jedes Bedürfnis fünf Wege, wie du es erfüllen kannst.
Wer sich schwer damit tut, Bedürfnisse zu benennen, kann mit den acht Bedürfnissen nach *Swing* oder den Bedürfnislisten der Gewaltfreien Kommunikation beginnen.

BUCHTIPP

Talane Miedaner: Coach dich selbst, sonst liebt dich keiner
Ein Buch voller Ideen, wie man gut für die unterschiedlichen Bedürfnisse, die man verspürt, sorgen kann.

INTERNETTIPP

In einem einführenden PDF zur Gewaltfreien Kommunikation findet sich unter anderem eine hilfreiche Liste grundlegender Bedürfnisse.
www.gewaltfreiforum.de/artikel/modell.php

Vom Ziel her rückwärtsträumen erleichtert den Weg

EIN ALTER KAHN

Der erste Blick auf das alte Schiff hat mich erschreckt: Überall an Deck standen Baumaterial, Ersatzteile und Werkzeug. Das Schiff war in weiten Teilen rostig und zeigte an der Decke des Hauptraumes offen die Spuren eines großen Brandes. Bei erster Betrachtung nicht gerade ein Traumschiff. Ich war mehr als ernüchtert. Nach etwa einer halben Stunde setzte meine Fähigkeit ein, das Potenzial zu sehen: Aufbau und Struktur entsprachen dem, was ich wollte: Raum für Seminare, Gäste, ein Büro und mich. Die Substanz unter dem Rost war o.k. Die verbretterten Fenster könnte man wieder öffnen. In meinem Inneren entfaltete sich die Vision.

Ich entwickelte ein Bild von dem, was aus diesem alten Kriegsschiff und späteren Ausflugsdampfer werden könnte: ein Ort zum Leben und Lernen. Ein zeitweiliges Zuhause für Menschen, denen das Leben den Boden unter den Füßen weggezogen hatte und die neue Perspektiven suchten. Ein Ort der Inspiration.

Ich malte mir aus, wie der alte, rostige Kahn mit Leben erfüllt und zu einem Ort des Lebens werden würde. Und wagte das Abenteuer. Ohne das innere Sehen der Vision hätte ich nie die Kraft gefunden, die fünf Jahre harte Aus- und Umbauzeit durchzuhalten. Eine reine Projektidee gibt selten innere Kraft. Ein Traum tut es schon.

Als Coach weiß ich, dass es viel leichter ist, von der Vision eines erreichten Zieles her rückwärtszuplanen als ausgehend von der jetzigen, oft schwierigen Situation zum Ziel hin.

In anderen Worten: Es ist leichter und energievoller, sich vorzustellen, man hat etwas geschafft, und dann zu überlegen, wie man es gemacht hat, als zu denken: Wie komme ich nur dahin?

VOM ZIEL HER RÜCKWÄRTSDENKEN

Der Grund, warum das Denken vom Ziel her rückwärts sowohl im Coaching als auch beim persönlichen Planen gut funktioniert, ist die Tatsache, dass es Denkblockaden und Ängste umgeht, die man spürt, wenn man vom Jetzt in die Zukunft plant.

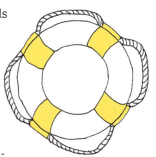

Die Vorstellung, das Ziel bereits erreicht zu haben, gibt Energie und Denkfreiheit – und plötzlich entwickelt man Ideen und Möglichkeiten, die man vorher nicht gesehen hat. Ich nutze diesen „Trick" sowohl für die Planung kleinerer als auch großer Projekte.

Tagesplanung – Vision im Kleinen

Fast an jedem Tag nehme ich mir Zeit, mir zu überlegen, wie es wäre, wenn ich am Ende des Tages auf einen perfekt oder zumindest gut gelebten Tag zurückblicke. Ich male mir aus, wie zufrieden ich bin. Dann überlege ich, wie ich das wohl erreicht haben könnte. Und schließlich setze ich es um und handle entsprechend.

Zielplanung – Vision im Größeren

„Was wollen wir im Urlaub machen?" – diese Frage kann in manchen Familien fast zu Krieg führen. Ganz anders die Frage: „Stellt euch mal vor, der Urlaub wäre absolut top gewesen – was würden wir uns später davon erzählen?" Und: „Wie kommen wir dahin?"
Diese Vorgehensweise eignet sich für kleinere, aber auch größere Projekte – etwa eine Vision fürs ganze Leben. Mal angenommen, ich blicke auf mein Leben zurück und es wäre richtig gut gewesen – was hätte ich getan, erlebt, empfunden?

Ein ganzes Leben auf einmal zu denken, empfinde ich als ziemlich groß. Ich teile mir das Rückwärtsplanen oft in Themenbereiche ein. Ich träume von einem guten Leben in Bezug auf meine Freunde, Nichten und Neffen, meinen Beruf, meine Gesundheit. Und dann setze ich um, was nötig ist, damit der Traum wahr wird.

INSPIRATION FÜR DICH

NUR SO 'NE FRAGE
Welche Träume schlummern in dir – große und kleine?

NUR SO 'NE IDEE
Probiere das „Vom-Ziel-her-rückwärts-Planen" für eine große und eine kleine Sache aus.

BUCHTIPP
Thomas Härry: Von der Kunst, sich selbst zu führen, SCM Hänssler, 2015
Ein Buch, das sehr persönlich und praktisch dazu einlädt, das eigene Leben, aber auch Familie und Beruf gelassen und entschieden zu gestalten.

FILMTIPP
Begeistert vom Leben
In der Sendung von „Fenster zum Sonntag" erzähle ich ab Minute acht die Geschichte des Schiffes. Man kann es noch mitten in der Bauphase sehen.
www.youtube.com/watch?v=8-Ykr9TRN2w

ORDNUNG & STRUKTUR

CHAOS BRINGT STRESS

Meine Tage beginne ich – nach einigen Minuten Bewegung – immer mit einer Zeit der Stille, der Reflexion und des Gebets. Heute ist das gründlich misslungen. Das lag vor allem daran, dass – nach drei sehr vollen Tagen – an Bord Chaos war. Nicht so viel Chaos wie in einem Teenagerzimmer, aber doch so viel, dass ich nicht zur Ruhe kam.

Das kostete etwas Zeit, aber war nicht so schwer, da grundsätzlich eine gute Ordnung vorhanden ist. Ohne eine grundlegende Struktur ist es praktisch unmöglich, Ordnung zu schaffen. Selbst wenn man aufräumt, bleibt eine Verwirrung bestehen, weil die Dinge nie grundsätzlich durchdacht wurden.

Mich fasziniert an der Schöpfungsgeschichte, dass Gott nach der Visionsphase erst einmal eine grundlegende Ordnung schafft. Da wird das Wasser, das vorher überall war, geordnet. Der eine Teil des Wassers kommt nach oben an den Himmel. Der andere nach unten in die Ozeane, Flüsse, Seen. Ein bisschen was landete vor meiner Haustür.

Diese Ordnung dient dem Leben. Wäre überall Wasser, könnte nur eine bestimmte Art von Lebewesen existieren, etwa Stechmücken und Sumpfblumen. Durch die Trennung bekommen Menschen einen Lebensraum, der dem entspricht, was sie brauchen.

Die Bedürfnisse, die man hat, sollten deshalb Grundlage jeder guten Ordnung sein – egal, ob für Küche, Wohnzimmer oder Akten. Es lohnt sich also, bevor man mit dem Ordnen loslegt, erst einmal – vielleicht mithilfe der acht Lebenselemente – zu fragen:

- Was ist mir für diesen Bereich am wichtigsten?
- Welches Bedürfnis soll hier vor allem gestillt werden?

DEN EIGENEN STIL FINDEN

Der Wohnraum soll Begegnung ermöglichen – oder Ruhe. Das Arbeitszimmer soll effizientes Handeln leicht machen. Die Terrasse soll Ruhe spenden. Wenn man erst einmal – vielleicht mithilfe von Beratern – herausgefunden hat, was der Zweck ist, den ein Raum oder Bereich erfüllen soll, fällt es leichter, die dafür passende Struktur zu finden.

Anschließend kommt die Frage nach dem Stil. Stil drückt aus, wie man etwas am liebsten hat. In der Natur findet man alle Varianten: Natürliches, Klares, Verspieltes, Extravagantes, Romantisches … Bei Menschen ist es so, dass bestimmte Stile oder Farben sie mehr berühren und ansprechen als andere. Nur, wie findet man – wenn man mit tausend Werbeangeboten konfrontiert ist – eigentlich heraus, was am besten zu einem passt?

Vor einigen Jahren habe ich meinen Wohnstil von der Wohnberaterin Tanja Sauer analysieren lassen. Das Ergebnis: Mein Stil ist klassisch mit modernen Elementen und einer avantgardistischen Note. Mir hat diese klare Zuordnung bei Entscheidungen sehr geholfen.

Damit es mir im Leben gut geht, brauche ich um mich herum etwas avantgardistischen Pfiff, klare, glatte Oberflächen und vor allem symmetrische Formen. Mein Bootsbauer sagte einmal: „Ich kenne niemanden, der Quadrate so liebt wie du." Klar – ganz klassisch.

Andere Menschen brauchen es in ihrem Umfeld eher natürlich oder romantisch. Unbehandelte Materialien, weiche Formen und Anordnungen geben ihnen Geborgenheit und Erdung. Das ist genau das, was sie brauchen. Wer weiß, was ihm entspricht, kann sein Leben entsprechend strukturieren und vermeidet Fehlkäufe.

Insgesamt wird dadurch das Leben kraftvoller und schöner. Denn beides – die Erfüllung der grundlegenden Bedürfnisse und die Gestaltung im eigenen Stil – fördert das Leben.

INSPIRATION FÜR DICH

NUR SO 'NE FRAGE
Wenn du deine Umgebung betrachtest – was siehst du? Was fällt dir auf? Was sagt das über dich?

NUR SO 'NE IDEE
Nimm dir mal Zeit, für einen Bereich deines Lebens zu durchzudenken, welche Bestimmung er hat und wie er der Bestimmung entsprechend gestaltet werden kann. Wenn du es dir leisten kannst und willst, gönne dir dafür kompetente Begleitung.

BUCHTIPP
Tanja Sauer: Wohnen. Impulse, deinen persönlichen Stil zu entdecken, Down to Earth, 2009
In diesem Impulsheft stellt die Wohnberaterin unter anderem die fünf verschiedenen Wohnstile vor, geht aber auch auf andere Themen ein, z. B. Farbe, Persönlichkeit usw.

INTERNETTIPP
Es nützt ja nichts, wenn man alles ordentlich hat, sich aber in den eigenen vier Wänden nicht wohlfühlt, weil der Stil einem nicht entspricht. Im Internet gibt es verschiedene Tests unterschiedlicher Qualität zu der Frage „Welcher Stil passt zu mir?" oder „Welcher Wohntyp bin ich?". Zum Beispiel: *www.wohntypologie.ch/persoenlichkeitstest*

GUTE STRUKTUREN FINDEN

Von außen betrachtet ist mein Leben reichlich langweilig. Jeden Vormittag nehme ich mir Zeit für Reflexion und Gebet. Dann schreibe ich mehrere Stunden Bücher, Artikel und Blogbeiträge. Am Nachmittag kümmere ich mich um alles Organisatorische.

Auch die Wochentage haben ihre Ordnung. Montags wasche ich Wäsche, Dienstag kommt Buchführung dran, Mittwoch ist mein Citytag, Donnerstag und Freitag gönne ich mir oft etwas, das mich inspiriert oder Energie spendet. Samstag wird Praktisches erledigt und ich mache etwas mit Freunden. Sonntag gönne ich mir Ruhe.

Das klingt richtig langweilig. Doch es ist genau dieser stetige, ruhige Rhythmus, der mir den Halt gibt, den ich für ein starkes und kreatives Leben brauche. Es ist wohltuend, gerade bei Dingen, die ich nicht so gern tue, wie etwa Putzen und Buchführung, nicht überlegen zu müssen, wann ich sie in Angriff nehme. Sie haben einen festen Termin.

Das Gleiche gilt auch für die schönen Dinge im Leben: Fünf wöchentliche oder monatliche Live- oder Skypetermine mit engen Freundinnen stärken unsere Beziehung. Sie sorgen dafür, dass wir uns regelmäßig treffen oder zumindest sprechen – würden wir das dem Zufall überlassen, wäre die Frequenz deutlich geringer.

Es passiert ständig etwas, das lautstark drängelnd Zeit und Energie fordert. Und plötzlich fehlt die Zeit für das, was wirklich wichtig ist und Kraft spendet: Zeit zum Reflektieren oder ein inspirierender Museumsbesuch. Deshalb liebe ich diesen „langweiligen Rahmen", der mit seiner festen Struktur schützt, was mir wichtig ist. Kreativ kann ich innerhalb des Rahmens sein.

WAS DU FÜR EIN GUTES LEBEN BRAUCHST

Wenn du zwischen den Zeilen gelesen hast, hast du in meinem Wochenplan die acht Lebenselemente aus dem *Swing*-Konzept wiedererkannt. Das ist kein Zufall. Ich habe mich tatsächlich hingesetzt und überlegt: Wie sieht in meinem Leben Vision und Kreativität aus, was ist wichtig für Ordnung und Produktivität. Was brauche ich, um Höhepunkte zu erleben usw.

Der Kerngedanke dahinter:

- Damit das Leben kraftvoll ist, braucht man alle acht Lebenselemente.
- Wenn man sie aktiv einplant, hat man viel für ein gutes Leben getan.

Seit mehr als 15 Jahren lebe ich bereits in diesem Rhythmus. Das heißt nicht, dass mein Leben immer perfekt ausgewogen ist – das geht schon deshalb nicht, weil ich auf einem Hausboot lebe, wo es ständig wackelt.

Perfekte Balance ist aber auch am Festland eine Illusion – oder es gibt sie nur im Grab. Überall wo echtes Leben ist, wackelt immer etwas, kippt es mal zur einen, mal zur anderen Seite. Balance heißt, dass man ständig gegensteuert. Wie bei einem Schiff, das die Wellen mal in die eine, mal in die andere Richtung treibt.

Das klappt nur, wenn die Basis solide ist. Neben mir lag einmal ein Boot, das einen hohen Aufbau auf einem niedrigen Kiel hatte – bei der kleinsten Welle kippte es fast um.

Bei Schiffen ist es so, dass sie soliden Ballast im Kiel brauchen, damit sie gut im Wasser liegen. Wer dafür sorgt, dass die acht zentralen Lebenselemente regelmäßig gelebt werden, kippt nicht so leicht, wenn eines mal zeitweise zu kurz kommt. Der Rahmen ist stabil genug, um das bunte Leben zu halten.

INSPIRATION FÜR DICH

NUR SO 'NE FRAGE
Welche wohltuenden Lebensrhythmen und festen Aktivitäten und Termine hast du bereits in dein Leben integriert?

NUR SO 'NE IDEE
Betrachte die acht Lebenselemente (s. S. 19) und überlege, wie du ihnen regelmäßig Raum geben kannst. Achte hierbei besonders auf diejenigen, die bisher eher zu kurz kamen.

BUCHTIPP
Kerstin Hack: Swing-Quadro: Leben in Balance einüben, Down to Earth, 2008
In diesem Trainings-Quadro erläutere ich, wie man die acht Aspekte aus dem *Swing*-Konzept Schritt für Schritt ins Leben integrieren kann, sodass es rundum stimmig wird.

FILMTIPP
James Brooks: Besser geht´s nicht, 1997
Mit den Strukturen kann man es auch übertreiben. Der Film beschreibt einen Mann, der zwanghaft alles ordnet und durch die Begegnung mit einer Kellnerin zu mehr Entspannung findet.

DREI PAAR SCHUHE

Ich kann mir lebhaft vorstellen, dass der oder die eine oder andere bei dem Satz „Aufräumen ist leicht" innerlich protestiert hat. Gehört das Aufräumen doch gerade zu den Tätigkeiten, die den meisten Menschen eher schwerfallen. Doch der Satz ist wahr.

Gestern habe ich aufgeräumt. Das ist an und für sich nichts Ungewöhnliches. Das mache ich ab und zu, wenn sich trotz der vielen Alltagstricks – wie etwa mich unsichtbar machen – sich doch der eine oder andere Gegenstand an der falschen Stelle angesammelt hat. Gestern war das so. Am Abend kam ich in ein unordentliches Zuhause zurück. Das Besondere daran war für mich, dass mir das Aufräumen sehr leichtfiel. Das lag daran, dass ich einfach nur aufgeräumt habe. Ich habe festgestellt, dass ich wie viele andere unter dem Begriff „Aufräumen" drei ganz verschiedene Dinge zusammenfasse:

- **Aufräumen: Dinge an einen fest definierten Platz bringen**
  Ein Gegenstand wurde benutzt und kam anschließend nicht mehr an seinen Platz zurück. Oder ein neu gekaufter Gegenstand ist noch nicht an dem richtigen Platz.

- **Ordnen: Dinge sortieren und ihnen einen Platz zuweisen**
  Bei Dingen, bei denen noch nicht klar ist, wohin sie gehören, wird überlegt und entschieden: Wohin passt das am besten?

- **Putzen: Die Oberflächen von Möbeln und Gegenständen reinigen**
  Mit dem passenden Zubehör wird dem Staub und Dreck, der auf Gegenständen haftet, der Garaus gemacht – bis er wiederkommt.

DER TRICK: GLEICHES ZUSAMMEN MACHEN

Die meisten Menschen springen beim Aufräumen hin und her. Sie räumen einen oder zwei Gegenstände an ihren Platz zurück, dabei finden sie ein Ding, bei dem nicht klar ist, wohin es gehört. Sie kommen ins Stocken und wissen nicht recht weiter.

Manche legen die Sache irgendwo hin, sehen dann einen Fleck, holen das Putzmittel, entdecken einen Kontoauszug zwischen den Seiten eines Buches, der kommt woanders hin. Am Ende ist viel Zeit vergangen, ohne dass es wirklich ordentlicher aussieht. Frust!

Ein derartiges Vorgehen strengt auch sehr an. Das Gehirn muss ständig zwischen verschiedenen Aufgaben hin und her springen. Das ermüdet – man merkt das auch daran, dass die Laune und Energie in den Keller absacken. Drei Tricks helfen.

Aufräumen, nur aufräumen

Wenn du aufräumst, dann räume lediglich Gegenstände, von denen du weißt, wohin sie gehören, an ihren Platz. Hilfreich ist, eine Zeit- oder Zielvorgabe zu setzen: Ich räume 20 Dinge oder 10 Minuten lang auf. Wenn dir beim Aufräumen etwas ohne festen Platz begegnet, lege es an einen Platz, an den alles kommt, was zu ordnen ist.

Ordnen begrenzen

Ordnen heißt zu entscheiden. Das ist ebenfalls sehr belastend für das Gehirn – etwa zu entscheiden, wohin Dinge gehören. Nach 15 Entscheidungen ermüdet das Gehirn. Auch hier ist eine Begrenzung sinnvoll: „Ich ordne 10 Dinge!"

Putzen in drei Runden

Auch beim Putzen kostet das Hin und Her viel Energie. Schneller geht es, wenn man mehrere Runden dreht: Erst Putzzeug bereitlegen, dann alles wegräumen, dann alles einsprühen, dann alles trocken wischen. Fertig. Wie wunderbar!

INSPIRATION FÜR DICH

NUR SO 'NE FRAGE

Erkennst du dich in der Beschreibung wieder? Wenn ja, wo? Welche anderen Strategien möchtest du gerne ausprobieren?

NUR SO 'NE IDEE

Lege eine Ecke in deiner Wohnung fest, wo die Dinge hinkommen, die noch keinen festen Platz haben. Entscheide dich, täglich einer bestimmten Anzahl davon einen Platz zuzuweisen.

BUCHTIPP

Kerstin Hack: Aufgeräumt. Aufgaben und Dingen Struktur geben, Down to Earth, 2017
In diesem Quadro erläutere ich hilfreiche Strategien, um Ordnung in die Dinge und Abläufe zu bekommen, damit dein Leben leichter, kraftvoller und entspannter wird.

INTERNETTIPP

Sucht man im Internet nach „Marie Kondo" findet man eine Vielzahl von Tipps und Videos zum effizienten Aufräumen und Ordnen.

VIEL ZU VIEL

Der Durchschnittseuropäer besitzt 10.000 Gegenstände, die er im Lauf des Lebens angesammelt hat. Kochutensilien, Bücher, Kleidung – im Schnitt etwa 150 Kleidungsstücke – dreimal mehr als unsere Großeltern. Dafür brauchen wir natürlich auch Schränke, um alles unterzubringen.

In Wohnungen stehen die Schränke meist an der Wand. Bei einem Schiff ist alles anders. Weil ich als Verlegerin und Schiffseignerin gefühlte 20.000 Dinge besaß und die großen Fensterflächen nicht mit Schränken verstellen wollte, habe ich vor dem Umzug aufs Schiff gründlich aussortiert. Dachte ich.

Ich habe zwei Verschenkpartys veranstaltet, Bücher weggegeben oder verkauft, doch beim Einräumen im neuen Zuhause stellte ich fest: Es ist noch immer viel zu viel. Von meinem Ziel, so wenig wie nötig zu besitzen und alles so klar und übersichtlich anzuordnen wie möglich, bin ich noch weit entfernt.

Ungeliebtes verbrauchen

Der nächste Schritt war, dass ich bewusst viele Dinge verbraucht habe. 40 Teelichter, die nur halb verbrannt waren. Socken, die ich bewusst so häufig trug, dass ich sie guten Gewissens entsorgen konnte.

Um meine Erfolge zu messen, notierte ich mir auf einem großen Zettel, was mein Schiff verlassen hatte. Das waren immerhin 660 Gegenstände in sechs Monaten, die in den Magen, zu anderen Menschen oder im Abfall landeten. Doch die Reduktion war frustrierenderweise nach wie vor kaum spürbar.

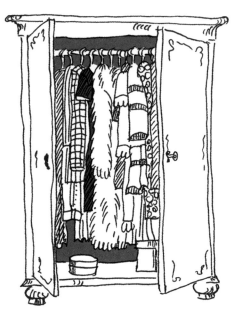

ICH LIEBE ES, ICH LIEBE ES NICHT

Besser wurde es erst, als mir klar wurde, dass beim Reduzieren zwei meiner zentralen Werte miteinander kollidieren: Der Wert der Schönheit – dazu gehört eine übersichtliche Umgebung. Und der Wert, ressourcenorientiert zu leben, dazu gehört auch, nichts wegzuwerfen, was man noch gebrauchen könnte.

Ich setze Grenzen

Dinge, die noch brauchbar sind, wegzuwerfen, fällt mir schwer. Aber ich habe nicht für alles die Energie, Käufer oder zu Beschenkende zu finden. Hier half es mir, klare Grenzen zu definieren: Von Dingen, die ich verbrauche, will ich nicht mehr vorrätig haben, als ich in zwei Jahren benutzen kann: Geschenkpapier, Socken, ungelesene Bücher. Der Rest kommt weg.

Ich entscheide, was ich haben will

Vieles behält man, weil es halt mal dazukam. Aber nicht, weil man es noch aktiv nutzt oder es Freude schenkt. Beim Klären hilft mir ein Tipp von Marie Kondo, der Aufräumkönigin.

Nimm den Gegenstand in die Hand und frage dich:

- Benutzt du diesen Gegenstand?
- Löst er bei dir Freude aus?

Sie empfiehlt, nicht Raum für Raum vorzugehen, sondern Kategorie für Kategorie, z. B. alle Stifte, Kabel, Sommershirts. Jeden Gegenstand in die Hand zu nehmen und zu denken: Benutze ich ihn? Und zu fühlen: „Liebe ich ihn?"

Vom Ziel einer schlanken, völlig geordneten Umgebung bin ich noch etwa 2.000 Dinge weit entfernt. Aber jetzt weiß ich, wie ich es anpacke. Die Dinge werden noch zu hören bekommen: „Ich lieb dich" oder: „Ich lieb dich nicht!"

INSPIRATION FÜR DICH

NUR SO 'NE FRAGE
- In welcher Umgebung fühlst du dich wohl?
- Stell dir vor, während du heute Nacht schläfst, passiert ein Wunder. Morgen früh ist deine Umgebung plötzlich so, wie du sie dir immer erträumt hast. Was ist anders als jetzt? Was ist ordentlicher? Welche Gegenstände sind weg oder neu oder renoviert?

NUR SO 'NE IDEE
Probiere es einmal aus, eine Kategorie, z. B. Romane, Sachbücher, Tassen, Karten, nach den hier geschilderten Vorgehensweisen zu ordnen.

BUCHTIPP
Marie Kondo: Das große Magic-Cleaning-Buch. Über das Glück des Aufräumens, Rowolt, 2016
Dieses Buch ist voll von hilfreichen Prinzipien, die das Entrümpeln und Aufräumen endlich leicht machen. Die meisten sind super, ein paar gingen mir zu weit, etwa mich von alten Socken mit einer Verbeugung zu verabschieden.

INTERNETTIPP
Unter dem Stichwort „Entrümpeln" findest du viele weitere Tipps.
Webseite von Marie Kondo (Englisch): *www.konmari.com*

> EINS REIN, ZWEI RAUS BREMST DAS CHAOS AUS

ES SAMMELT SICH AN

Meine Freundin Sandra hatte ein Problem. Durch Krankheit und andere Faktoren hatte sie an Gewicht zugenommen. Viele ihrer schicken, gut erhaltenen Kleidungsstücke passten ihr nicht mehr. Ihre Lösung: Sie fragte mich, ob ich etwas davon haben wollte.

Klar. Ich kann Verschwendung von Ressourcen nicht leiden und mag es, mit Freundinnen Kleidung zu tauschen. Mancher Fehlkauf der einen war ein Geschenk für eine andere. Nur: Mit drei riesigen blauen Säcken voller Kleidung hatte ich nicht gerechnet.

Erste Hochrechnungen ergaben, dass zwanzig der etwa 60 Kleidungsstücke meiner Körpergröße und meinem Stil entsprachen. Jetzt hatte ich ein Problem. In meinem Leben gilt die Regel: eins rein, zwei raus. Für alles, was neu dazukommt, trenne ich mich von zwei Gegenständen der gleichen Kategorie.

Meine eigenen Regeln befolge ich gern – besonders dann, wenn sie sich darin bewährt haben, mir das Leben zu erleichtern. Die „Eins rein, zwei raus"-Regel gehört zu den Prinzipien, die mir das Leben maßgeblich erleichtert haben.

Ich liebe diese Regel, weil sie so einfach ist. Bis zwei kann ich zählen. Außerdem schätze ich sie, weil der Zusatz „aus der gleichen Kategorie" die Entscheidung vereinfacht, wovon ich mich nach einer Neuanschaffung trennen werde.

Kommt ein neues Buch dazu, gehen zwei alte, bekomme ich eine neue Tasse geschenkt, wandern zwei in die Verschenkkiste im Flur. Gönne ich mir ein neues Kleidungsstück, gebe ich zwei weg. Ganz einfach.

GANZ AUTOMATISCH LEICHTER

Und natürlich liebe ich die Regel, weil sie viel dazu beigetragen hat, dass ich in meinem früheren 3 x 3 Meter kleinen Büro nicht erstickt bin. Die Bodenfläche des Steuerhauses, in dem ich jetzt arbeite, ist sogar noch kleiner: 1,90 x 2 m.

Als Coach weiß ich, dass eine Umgebung, die frei von unnötigem Ballast ist, zu einem kraftvollen, klaren Leben beiträgt. Und meine Regel hilft mir, dafür zu sorgen, dass sich kein unnötiger Ballast in meinem Leben ansammelt.

Ich nutze eins rein, zwei raus für alle Gegenstände – von Büchern über Geschirr bis zu Unterlagen, Socken und Schals. Natürlich mit Ausnahmen wie Steuerunterlagen oder Baumaterial. Da ich die Regel erst mit Mitte 30 etabliert habe, bin ich noch nicht am Boden meines Besitzes angekommen.

Die Regel hält auch Digitales schlank: eine neue App, eine neue Datei oder ein Programm – zwei alte werden gelöscht. Man kann sie aber abgewandelt auch für Kontakte, Aufgaben, Ehrenämter und vieles mehr anwenden.

Bei den neuen Klamotten werde ich ein bisschen mogeln und – rückwirkend – auch die Kleidungsstücke einrechnen, die ich kürzlich weggetan habe. Acht Arbeitshosen, einen Bikini, ein Shirt, sechs alte Sweatshirts, einen (!) Arbeitsschuh.

16 : 2 = 8. Das bedeutet, dass ich aus den Kleidern meiner Freundin acht Kleidungsstücke und einen halben Schuh wählen kann. Das ist schade um die anderen Dinge, aber o.k. Zehn neue schwarze Hosen brauche ich tatsächlich nicht.

Ich bin dankbar für die Regel, die mich vor unnötigem Ballast schützt. Und ja, heute Nachmittag kommen mich drei Freundinnen besuchen. Denen werde ich die restlichen Kleider anbieten. Dann haben sie ein Problem.

INSPIRATION FÜR DICH

NUR SO 'NE FRAGE

Neigst du eher zum Sammeln oder zum Wegtun? Oder ist es in verschiedenen Bereichen deines Lebens ganz unterschiedlich?

NUR SO 'NE IDEE

Male dir ein Bild vor Augen, wie es aussieht, wenn deine Umgebung schlanker wird. Entscheide dich für einen Bereich, in dem du – zumindest für eine Weile – eins rein, zwei raus ausprobieren möchtest. Das können Bücher sein, Apps, Kleidung, Unterlagen.

BUCHTIPP

Kerstin Hack: Loslassen. Impulse für ein befreites Leben, Down to Earth, 2007
Impulse rund ums Loslassen – von Gegenständen bis hin zu innerer Haltung.

INTERNETTIPP

Zu eins rein, zwei raus hat mich Simplify inspiriert. Auf der Internetseite von Simplify gibt es viele hilfreiche Tipps. So viele, dass es schon manchmal wieder kompliziert wird.
www.simplify.de

HALB FERTIG IST GANZ DUMM

„Ich weiß nicht, warum eine Spülmaschinentür für einen Teenager offensichtlich ein unüberwindliches Hindernis darstellt!", stöhnte ein etwas genervter Vater.

Sein Sohn hatte die Angewohnheit, Geschirr bis zur Spüle zu tragen – immerhin –, aber es dann nicht in die Spülmaschine zu räumen. Es bildeten sich Stapel.

In den meisten von uns steckt ein Teenager. Wir neigen dazu, den leicht zu erledigenden Teil einer Aufgabe schnell zu erledigen und den unangenehmeren Teil der Aufgabe liegen zu lassen. Der Brief wird beantwortet, aber nicht abgelegt. Die Socken werden ausgezogen, aber nicht in den Wäschekorb getan, das Geschirr bleibt auf der Spüle stehen.

Ich kenne das: Eben habe ich einen Termin vereinbart. Ein Team von Coaches will drei Tage Supervision bei mir buchen. Ich fand es leicht, den Termin zu prüfen und zu betätigen. Die abschließenden Schritte – Mail ausdrucken, abheften und das Event in den Kalender eintragen – fielen mir ziemlich schwer.

Es gibt zwei Gedanken, die es mir leichter machen:

- **Der Wunsch, keine Berge mit unangenehmen Aufgaben anzuhäufen.**
  Wenn ich nur die angenehmen Dinge gleich erledige, bleiben am Ende nur noch die unangenehmen Aspekte übrig – das ist dann eher ein Albtraum.

- **Die Vorstellung, keine Spuren zu hinterlassen.**
  Die Idee stammt von Coach Jan von Wille aus dem Quadro *Achtsamkeit leben*. Er rät, sich vorzustellen, man hätte die Aufgabe, keine Spuren zu hinterlassen – sodass selbst ein findiger Detektiv nicht entdecken könnte, dass jemand anwesend war.

SPIELERISCH DIE DINGE IM GRIFF

An der Keine-Spuren-hinterlassen-Idee gefällt mir, dass sie etwas Verspieltes hat. Es ist leicht, fast mühelos und nimmt dem Zu-Ende-Bringen von Dingen viel von seinem Druck. „Ich muss das fertig wegräumen!" klingt emotional anders als „Ich mache mich unsichtbar und hinterlasse keine Spuren!"

Außerdem wirkt der Trick! Seit ich mich häufiger unsichtbar mache, entstehen tatsächlich weniger Stapel mit unerledigten und unangenehmen Dingen.

Ich fühle mich souveräner und stärker. Neben dieser Methode praktiziere ich noch zwei weitere Lieblingstricks, die helfen, dass das Leben geordnet bleibt.

20-Sekunden-Regel: Was in 20 Sekunden machbar ist, sofort erledigen

Ich mag To-do-Listen, um meine Aufgaben zu ordnen. Aber viele Dinge sind schneller sofort angepackt als auf Listen geschrieben. Wann immer ich etwas sehe, was ich in weniger als 20 Sekunden erledigen kann, mache ich es sofort. Aber nur diese eine Sache, dann gehe ich wieder zur eigentlichen Aufgabe zurück.

Abendspaziergang

Bei aller Übung passiert es doch, dass Dinge an der falschen Stelle liegen bleiben: Weil ich das Unsichtbarmachen vergesse, jemand an der Haustür klingelt oder ich schnell wegmuss.

Damit sich die Stapel nicht anhäufen, nehme ich mir am Ende meines Arbeitstages etwas Zeit zum Aufräumen. Und vor dem Schlafengehen laufe ich noch ein paar Minuten durch meine Räume und bringe die Dinge zurück an ihren Platz. Dann kann der nächste Tag ruhig beginnen.

Diese fast unsichtbaren Tricks, um innere Schweinehunde zu besiegen, stärken das Gefühl, das Leben zu meistern, und werden sogar in der Umgebung sichtbar.

INSPIRATION FÜR DICH

NUR SO 'NE FRAGE

Welche der drei vorgestellten Strategien gefällt dir besonders gut? Welche würde – bei aktiver Umsetzung – dein Leben am stärksten verändern?

NUR SO 'NE IDEE

Praktiziere heute und/oder in den nächsten Tagen einmal das Unsichtbarmachen oder eine der anderen Ideen. Schreibe dir eventuell Notizen, um dich daran zu erinnern. Beobachte dich dabei wie ein Detektiv: Wann bist du damit erfolgreich? Was trägt zum Gelingen bei?

BUCHTIPP

Jan von Wille: Achtsamkeit leben. Die Kraft der Gegenwart entdecken, Down to Earth, 2017
Die Fähigkeit zur Achtsamkeit, also konzentriert und fokussiert bei einer Aufgabe zu bleiben, entspannt und entlastet das Leben. Was ich an diesem Quadro schätze, ist, dass es die konkrete Übung der Achtsamkeit mitten im Alltag und Leben verankert.

FILMTIPP

Doris Dörrie: Kirschblüten – Hanami, 2008
Nach dem Tod seiner Frau geht Rudi den Spuren ihrer Sehnsüchte und Leidenschaften nach – bis nach Japan.

SINN & PRODUKTIVITÄT

UNGÖTTLICHE UNORDNUNG

Schweiz, 1971. Während die Welt sich unruhig im Flower-Power-Hippie-68er-Revolutionsrhythmus bewegt, scheint in einem Schweizer Dorf die Zeit stehen geblieben zu sein. Dort wird noch – so der Titel eines Films von Petra Volpe – als die göttliche Ordnung empfunden, dass Männer das Recht haben, allein über das Geld und Geschicke ihrer Frauen zu bestimmen.

Das ändert sich, als Nora, Mutter von zwei Kindern, den Wunsch äußert, arbeiten zu gehen. Ihr Mann, Hans, erlaubt ihr das nicht. Die Männer haben das Sagen – so regeln es die Gesetze, die ebenfalls von Männern gemacht werden – die Schweizer Frauen haben auch in den 70er-Jahren noch kein Wahlrecht.

In Nora erwacht etwas und sie beginnt, in ihrem Dorf für das Wahlrecht der Frauen einzutreten. Andere Frauen kommen dazu. Schließlich organisieren sie einen Streik und legen Bügeleisen und Kochlöffel nieder, um auf die Dringlichkeit ihres Anliegens aufmerksam zu machen.

Natürlich kommt es zu Konflikten. Die alte Ordnung war so lange etabliert, dass sie als göttlich empfunden wurde. So was wirft man nicht von heute auf morgen um. Noras Söhne erleben ihretwegen Mobbing, Hans wird als Ehemann einer Emanze verlacht, die Männer im Dorf versuchen, ihre Frauen mit Gewalt einzuschüchtern.

Doch am Ende brechen verkrustete Muster auf. In einer bewegenden Szene erklärt Nora, dass die göttliche Ordnung ist, dass Männer und Frauen beide ihren Platz haben.

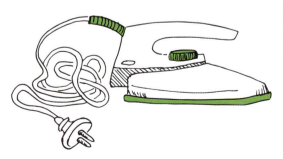

Noras Mann steht der Stolz auf seine mutige Frau ins Gesicht geschrieben. Und ja, die Mehrheit für das Frauenwahlrecht gewinnen sie auch.

GÖTTLICHE ORDNUNG STIFTEN

Ich bin dankbar für Frauen, die sich dafür einsetzten, dass Frauen ihr Potenzial entfalten können. Aber auch Männer. In dem Film werden auch die Männer im Dorf als in starren Rolle unfrei und unglücklich gezeigt.

Mich hat auch der Titel des Films bewegt: „Die göttliche Ordnung". Ich glaube zutiefst, dass wir Sinn im Leben nur dann finden, wenn wir dazu beitragen, dass wunderbare, Leben spendende göttliche Ordnung wiederhergestellt wird – in einer Welt, die an vielen Stellen weder gut geordnet noch himmlisch ist.

Wo man hinschaut, sind Dinge nicht in Ordnung: In der Natur, im Sozialen, in der Wirtschaft. Wo und wie man anpackt, entspricht den eigenen Vorlieben, der Begabung und manchmal auch dem, was einem vor die Füße gelegt wird. Für mich ist das oft eine Mischung aus meiner Gabe, zu inspirieren, und den Themen, die gerade in meinem Land oder meiner Stadt besonders dringlich sind.

Was passt, erfordert intensives Hinsehen und Denken. Als Christin glaube ich, dass da, wo etwas tatsächlich göttlicher Ordnung entspricht, auch sein Geist zu spüren ist. Der zeigt sich etwa in Freude, Frieden, Freundlichkeit, Güte, Geduld, Liebe, Sanftheit und Treue.

Mitgestalter, Mitregenten, Mitherrscher: Mich beeindrucken die Bilder und Texte der Bibel, die davon sprechen, dass wir Auftrag und Würde haben, mit Gott zu gestalten.

Einfach ist es nicht. Oft werden gerade von Menschen in privilegierten Positionen Dinge als richtig und womöglich göttlich legitimiert bezeichnet – nur weil sie immer schon so waren. Dort, wo Neues auf etablierte, alte Ordnungen trifft, kommt es zum Konflikt. Doch dann entsteht neue, lebendige, göttliche Ordnung.

INSPIRATION FÜR DICH

NUR SO 'NE FRAGE
Wofür kannst du Leidenschaft entwickeln? Welche Situationen, in denen die Welt nicht in Ordnung ist, belasten dich so sehr, dass du bereit bist, für Veränderung zu kämpfen? Welcher Traum von Verbesserung bewegt dich so sehr, dass du bereit bist, dich dafür einzusetzen, dass sich etwas ändert?

NUR SO 'NE IDEE
Alleine für etwas zu kämpfen, ist fast immer mühsam und oft zum Scheitern verurteilt. Überlege, wer dein Anliegen teilt, und entwickelt dann gemeinsam Ideen und Pläne.

BUCHTIPP
Kerstin Hack: Starke Frauen. Befreiende biblische Perspektiven, Down to Earth, 2016
Im manchen christlichen Kreisen wird es als göttliche Ordnung empfunden, dass Frauen in Gemeinden nichts zu sagen haben – aufgrund einiger meist aus dem Zusammenhang gerissener Stellen. In diesem Quadro versuche ich, Licht ins Dickicht zu bringen und ein Bild von einer heilsamen, göttlichen Ordnung zu zeigen, in der Mann und Frau ihren Platz haben.

FILMTIPP
Petra Biondina Volpe: Die göttliche Ordnung, 2017
Ein Film für Männer und Frauen, die einen Aspekt göttlicher Ordnung besser verstehen möchten.

MENSCHEN SEHEN DICH UND WAS DU TUST

WIR WERDEN BEOBACHTET

„Berlin? Du kommst aus Berlin?" Angelina, eine wunderschöne, ausdrucksstarke Frau mit dunklen Augen und Haaren, sah mich mit weit aufgerissenen Augen an. Dann fing sie an zu weinen und konnte nicht mehr aufhören.

Als ich das Angebot eines Freundes annahm, mit einer Gruppe von Engländern und Australiern von London in den Süden Englands zu fahren, hatte ich alles erwartet. Nur nicht eine wildfremde Frau, die herzzerreißend weinend in meinen Armen liegen würde. Zwischen den Schluchzern versuchte sie zu erklären: „Meine Familie stammt aus Berlin – meine jüdischen Eltern wurden enteignet, verloren alles, konnten nach England fliehen. Du bist die erste Berlinerin, die ich kennenlerne. Berlin ist für mich Schmerz, Verlust, Trauer, Rassismus, Verfolgung – in dir begegnet mir das alles."

Einen Tag lang redeten und weinten wir und klagten all den Schmerz unserem Gott. Ich hörte ihr zu, gab ihr Raum. Wo ich konnte, spendete ich Trost – Angelina erlebte in der relativ kurzen Zeit tiefe Linderung. Egal, ob berufliche oder privat – wenn ich in irgendeiner Form dazu beitragen kann, dass Menschen heiler, freier und leichter werden, ist das immer wunderbar.

Richtig überrascht war ich jedoch, als am Abend dieses Tages Jenny auf mich zukam: „Ich habe dich heute den ganzen Tag heimlich in deinem Umgang mit Angelina beobachtet. Mein Vater war Deutscher, er war so brutal, dass ich mich oft vor seinen Schlägen unter dem Bett versteckte. Ich hatte immer Angst vor Deutschen. Zu sehen, wie du warst und dich verhalten hast, hat mein Herz tief berührt und etwas in mir geheilt." Das zu hören, bewegt mich so, dass ich vor Glück und Rührung nur noch weinen konnte.

WIR SIND INDIVIDUELL UND KOLLEKTIV

Es ist klar, dass wir uns aktiv darum bemühen können, Menschen Gutes zu tun. „Lass keinen je zu dir kommen, ohne dass er glücklicher wieder geht", lautete der ambitionierte Leitsatz von Mutter Teresa. Ihr Ziel war es, aktiv dazu beizutragen, dass es den Menschen, denen sie begegnete, hinterher körperlich oder seelisch besser ging.

Doch wie kommt es, dass allein das Beobachten von Verhalten heilsam für einen Menschen sein kann? Die beste Erklärung, die ich dafür habe, ist, dass unser Gehirn in Mustern denkt. Um mit der Vielfalt des Lebens klarzukommen, entwickeln wir Kategorien: Deutscher, Franzose, Mann, Frau, Leiter, Busfahrer, Inländer, Ausländer usw.

Kategorien sind nicht nur rational, sondern auch emotional und sie prägen das Verhalten. Erfährt man Frustrierendes mit einem Leiter oder dem Angehörigen einer bestimmten Nation, entwickelt man möglicherweise fortan Skepsis gegenüber allen Leiterfiguren oder allen Angehörigen jener Nation und geht sicherheitshalber auf Distanz.

Ich will Menschen positiv prägen und im Leben stärken. Zum einen ganz bewusst durch mein aktives Handeln – auch wenn ich nicht gerade Mutter Teresa bin. Ich trage mit meinen Gaben und Fähigkeiten bestmöglich zum Leben anderer bei. Zum anderen präge ich Menschen auch durch die Rollen, die ich ausfülle. Ich gehöre zur Kategorie Frau, Single, Deutsche, Unternehmerin, Autorin usw. Menschen sehen mich und schließen bewusst oder unbewusst immer auf die ganze Gruppe.

Damit jede Begegnung so Leben spendend wie möglichst ist, bemühe ich mich selbst, durch Gebet und Coaching da Heilung zu erfahren, wo ich von Angehörigen einer Gruppe Schmerz erfahren habe, um nicht unbewusst Angst oder Ablehnung auszustrahlen. Denn dort, wo innere Freiheit ist, fließt oft mehr Leben und Begegnung.

INSPIRATION FÜR DICH

NUR SO 'NE FRAGE
Was an diesem Text hat dich berührt? Gibt es bestimmte „Sorten" von Menschen, auf die du allergisch reagierst?

NUR SO 'NE IDEE
Beobachte eine Zeit lang bewusst Menschen und ihr Verhalten. Welche Reaktionsweisen stoßen dich eher ab? Welche berühren dich wohltuend oder heilsam? Wenn dich etwas abstößt oder anzieht, weist das oft auf etwas hin, was du brauchst. Was könnte das sein?

BUCHTIPP
Kerstin Hack: Natürlich wachsen. Impulse, Reife zu entwickeln, Down to Earth, 2009
In diesem kleinen Impulsheft beschreibe ich den Prozess „alte Wunden heilen", den ich als sehr hilfreich empfinde, wenn man inneren Schmerz durch andere erlitten hat.

FILMTIPP
Gus Van Sant: Good Will Hunting, 1997
Der mathematisch hochbegabte Will hat von Autoritätsfiguren nur Brutalität und Ablehnung erfahren. Er selbst reagiert aggressiv. Der unkonventionelle Therapeut Sean bricht durch die harte Schale und kann Will auf dem Weg zur Veränderung begleiten.

ERFOLG IST, WAS DU DEFINIERST

DER GROSSE ERFOLG

Wilberforce, 1833. Nur wenige Tage bevor er diese Welt verlässt, erreicht ihn die Nachricht: Das Parlament hat entschieden – im Vereinigten Königreich wird die Sklaverei abgeschafft. Das bedeutet, Millionen Menschen, die bisher auf Zuckerrohrplantagen und an anderen Orten ausgebeutet wurden, erhalten die Freiheit. Er hatte sein Ziel erreicht.

Dem Erfolg ging ein lebenslanger Kampf voraus. Als junger Mann lernte er John Newton kennen, ehemaliger Sklavenschiffkapitän, späterer Pastor und Verfasser der berühmten Hymne „Amazing Grace." Unter Newtons Einfluss entschied sich Wilberforce, sein Leben zwei Zielen zu widmen: der Verbesserung der Sitten und der Abschaffung der Sklaverei.

Ihm war klar, dass er mehr erreichen würde, wenn er sich auf wenige Ziele konzentrieren würde, als wenn er sich für viele verschiedene – sicher lohnenswerte Ziele – einsetzen würde. Die klare Definition des gewünschten Erfolgs schützte ihn vor Verzettelung.

Wilberforce hat vieles richtig gemacht. Seine Freunde und er suchten unermüdlich nach Wegen, die Öffentlichkeit auf ihr Anliegen aufmerksam zu machen: Mit Ansteckern aus Wedgewood-Bisquit-Porzellan bis hin zu Postern kannte ihre Kreativität keine Grenzen.

Ein Erfolgsgeheimnis bestand darin, dass er klar definierte, was er als Erfolg werten würde: Wenn Sklaverei im britischen Einflussbereich für illegal erklärt würde. Ihn bewegte auch das traurige Schicksal der Sklaven anderer Regionen, doch er konzentrierte seine Kraft auf das, was im Rahmen seiner Möglichkeiten erreichbar schien.

Er freute sich über jeden Zwischenschritt, doch richtig gefeiert wurde erst, als das erreicht war, worauf er und seine Freunde mit viel Kreativität hingearbeitet hatten.

ERFOLG IN KLEINEN SCHRITTEN

Erfolg zu definieren, ist eine Sache. Ich habe das in vielen Bereichen meines Lebens getan. Das war gut und hilfreich, doch hat das nicht immer zum Erfolg geführt. In vielen Fällen habe ich es versäumt, neben dem Erfolg auch die Maßnahmen zu definieren, die wahrscheinlich zum Erfolg führen würden.

Als Wilberforce sich seine Ziele auf die Fahnen schrieb, schienen sie kaum erreichbar zu sein. Bei der ersten Abstimmung im Parlament über seine Gesetzesvorlage zur Abschaffung der Sklaverei stimmte nur ein einziger Parlamentarier dafür: er selbst.

Wilberforce bewundere ich dafür, dass er mit einer lebenslangen Treue und Ausdauer immer wieder Wege suchte, das große Ziel in kleine Zwischenschritte herunterzubrechen. Wenn ein Ziel nicht mit konkreten Maßnahmen verbunden wird, wie man es erreichen kann, ist es ein Traum. Kein Ziel.

Mich beeindrucken beide Vorgehensweisen von Wilberforce: der klare Fokus auf zwei deutlich umrissene Ziele. Und das Herunterbrechen in einzelne Schritte. Er entwickelte Strategien und versuchte, jede Gelegenheit zu nutzen, um für sein Ziel zu werben. Er überließ das jedoch nicht allein dem Zufall, sondern bereitete sich betend und denkend auf den Zufall vor. Vor Empfängen überlegte er stets, wie er einen oder mehrere Anwesende für sein Ziel gewinnen könnte.

Er schrieb sich dafür regelrecht „Spickzettel" zu seiner Vorgehensweise. Zum Beispiel: Lady A. ist besonders bekannt dafür, wie sehr sie Kinder liebt. Ich werde ihr vom grausamen Schicksal der Kinder von Sklaven erzählen, um ihr Herz zu erreichen.

Kurz vor seinem Tod konnte er den Erfolg feiern, den er so klar definiert und auf den er in Tausenden von einzelnen Schritten zugegangen war.

INSPIRATION FÜR DICH

NUR SO 'NE FRAGE
Welcher Traum oder welches Ziel steckt noch unerfüllt in dir? Woran würdest du erkennen, dass du Erfolg hattest? Wie genau definierst du das Erreichen deines Zieles?

NUR SO 'NE IDEE
Definiere Erfolg so genau wie möglich. Probiere „vom Ziel her rückwärtsplanen" für eine große und kleine Sache aus.

BUCHTIPP
Uwe Heimowski, Frank Heinrich: William Wilberforce. Einer, der für Sklaven Freiheit erkämpfte, Down to Earth, 2018
Dieses Weltveränderer-Impulsheft erzählt die Geschichte dieses erstaunlichen Mannes und seiner Freunde und zeigt auf, was ihn zum Erfolg führte.

FILMTIPP
Michael Apted: Amazing Grace, 2006
Dieser bewegende Film erzählt das Leben von William Wilberforce und seinen Freunden.

SCHRITT FÜR SCHRITT BEGINNT MIT DEM ERSTEN SCHRITT

IN DEN TAG STOLPERN

Eine meiner bisher noch nicht vollständig besiegten schlechten Angewohnheiten ist, ab und an in Tage oder Aufgaben einfach hineinzustolpern. Ich überlege mir vorher nicht, was genau ich tun will, sondern lege einfach los. In der Arbeit führt das dazu, dass dann zuerst die 100 kleinen Aufgaben, die irgendwie laut schreien, die E-Mails und was sonst noch so ansteht, erledigt werden und mir dann die Kraft, mentale Energie und Zeit für das fehlt, was eigentlich wichtig ist. Und ich verrückterweise den gesamten Tag als fremdbestimmt erlebe.

Routinetätigkeiten wie Kaffee kochen, klappen bei mir meistens auch dann noch, wenn ich in den Tag stolpere. Es soll aber auch schon vorgekommen sein, dass ich im Halbschlaf Orangensaft statt ins Glas aufs Kaffeepulver gekippt habe. Allerdings eher selten.

Aber dann gibt es Tätigkeiten – wie beispielsweise etwas renovieren, deren Komplexität über das Kochen von Kaffee hinausgeht. Hineinstolpern führt hier meist zu herumstolpern. Wenn man sich innerlich nicht gut auf eine Aufgabe eingestellt hat, kann das leicht dazu führen, dass man sie nicht kraftvoll Schritt für Schritt durchführen kann.

Man erledigt einen Schritt, muss dann unterbrechen, um Werkzeug oder anderes Zubehör zu holen – oder um nachzudenken, weil man nicht weiß, was man als Nächstes tun will. Ein solches Vorgehen kostet Zeit, Kraft und raubt die Freude an der Arbeit.

Dieses Hineinstolpern und dann nicht mehr weiterwissen kann auch dazu führen, dass man auf halber Strecke stecken bleibt und erst einmal aufhört. Das Ergebnis: Das Leben ist voller Aufgabenleichen, die in den Ecken, in die man sie verdrängt, verrotten.

DIE SCHRITTFOLGEN KLAR VOR AUGEN HABEN

Wer nicht klar sieht, stolpert. Wie im Großen fängt auch im Kleinen das kraftvolle Gehen durch den Alltag mit innerem Sehen an. Es ist eines der größten Geschenke, die uns die Natur gegeben hat, dass wir nicht nur mit unseren physischen Augen, sondern auch mit unserer Vorstellungskraft sehen können.

Reihenfolge der Aufgaben festlegen

Häufig beginne ich meine Tage am Abend vorher mit dem Festlegen der Reihenfolge, in der ich die anstehenden Aufgaben erledigen möchte. Schreiben von neuen Texten kommt immer zuerst, das ist meist meine wichtigste Aufgabe, für die ich ein frisches, waches Gehirn benötige. Dann folgen die anderen Aufgaben.

Den Tag oder eine Aufgabe innerlich vor mir sehen

Am Morgen nehme ich mir dann einige Minuten Zeit, um mir den Tag, so wie er vor mir liegt, vor meinem inneren Auge vorzustellen. Ich stelle mir die bestmögliche Variante dessen vor, wie ich diesen Tag meistern werde: eine fokussierte Schreibzeit, dann eine erholsame Pause, kraftvolles Erledigen der Tätigkeiten, wohltuender Feierabend.

Ich male mir innerlich vor Augen, wie ich meine Pausen und das Essen genieße. Wenn berufliche oder private Begegnungen anstehen, stelle ich mir vor, wie ich freudig und aufmerksam zuhöre, mein eigenes Herz teile und die Zeit genieße.

Dieses Vorgehen – das sich auch für neue, unbekannte Aufgaben eignet – erfordert nur einige Minuten und bringt mehrere Vorteile. Es hilft dem Gehirn, sich auf Aufgaben einzustellen und sie so mit mehr Leichtigkeit zu erledigen.

Selbst wenn etwas schiefgeht, was häufig passiert, erlebt man den Tag als befriedigender, weil er zumindest teils so positiv war, wie man ihn sich vorgestellt hat. Das verbucht das Gehirn als Erfolg.

INSPIRATION FÜR DICH

? NUR SO 'NE FRAGE

Was ist deine bisherige Herangehensweise an einzelne Aufgaben oder Tage? Mit welcher der drei Vorgehensweisen bist du am ehesten vertraut: einfach loslegen, rational planen, visuell vorstellen? Welche ist Neuland für dich?

NUR SO 'NE IDEE

Probiere in den nächsten Tagen mal die unterschiedlichen Herangehensweisen aus:
- Einfach loslegen
- Reihenfolge festlegen plus loslegen.
- Reihenfolge festlegen, visuell vorstellen und dann fokussiert loslegen.

Halte am Ende des Tages oder der Aufgabe inne und bewerte, wie du dein Handeln und deine Emotionen dabei erlebt hast.

BUCHTIPP

Christoph Schalk: Arbeitsorganisation. Die Dinge gut geregelt kriegen, Down to Earth, 2011
Der erfahrene Coach erklärt, wie man den ersten und die darauf folgenden Schritte gut plant und umsetzt.

FILMTIPP

Lasse Hallström: Madame Mallory und der Duft von Curry, 2014
Beim Kochen und in der Liebe kommt es oft auf die richtige Reihenfolge an – wie unterschiedlich die Vorgehensweise sein kann, zeigt der Film, in dem indische und französische Kochkunst und Lebensweise aufeinandertreffen.

GEBÜNDELT GEHT'S BESSER

Kaffee mit Zimt ist ein Genuss. Ich liebe diese Kombination so sehr, dass ich mir jeden Morgen eine Tasse davon gönne. Erst kommt das Kaffeepulver in die French Press, dann etwas Zimt, dann das kochende Wasser. Nicht schwer, nur etwas umständlich. Irgendwann fiel mir auf: Ich kann ja gleich, wenn ich den Kaffee in den schönen, antiken Porzellanbehälter fülle, den Zimt zufügen. Dann muss ich es nur einmal in zwei Wochen machen. Ich war erstaunt, wie lange ich für die Entwicklung dieser einfachen Idee gebraucht habe. Vermutlich deshalb, weil es beim Kaffeekochen immer morgens war.

Dabei weiß ich, dass alles schneller geht, wenn man es bündelt. Ich habe das von Birgit Schilling gelernt, die mehr Freude am Coachen und Schreiben hatte als am Haushalt, und Wege suchte, die Prozesse zu optimieren – zum Beispiel, indem sie Mahlzeiten gleich in mehrfacher Menge kochte und Teile davon einfror.

Wenn man Aufgaben bündelt, muss man das benötigte Material nur ein einziges Mal in die Hand nehmen, aufräumen oder reinigen. Bei Kochtöpfen ist das offensichtlich – Topf und Messer einmal zu spülen, ist schneller, als es fünfmal zu tun. Doch auch bei anderen Aufgaben ist es sinnvoll, gleichartige Dinge zugleich zu tun.

Man kann gebündelt Mails beantworten, statt immer zwischen Projekten hin und her zu springen. Es spart auch Energie und sehr viel Zeit, regelmäßig einen Großeinkauf zu machen, statt mehrmals pro Woche im Laden und an der Kasse zu stehen.

Ich mag auch die Idee, zu Beginn des Monats für alle anstehenden Geburtstage die Geschenke zu besorgen und Karten zu schreiben, statt es für jeden Anlass einzeln zu tun.

AUFGABEN BÜNDELN

Die meisten Menschen bündeln schon einige Aufgaben – sie bügeln z. B. mehrere Stücke auf einmal, holen nicht für jedes Hemd Bügelbrett und Bügeleisen hervor. Sie gehen auch nicht für jedes einzelne Lebensmittel einkaufen, sondern besorgen mehrere Dinge auf einmal.

Doch gerade bei der Arbeit am PC springen viele Menschen von einer Aufgabe zur anderen. Sie wissen nicht, dass es auch für das Gehirn anstrengend ist, Dateien, Gedanken oder Arbeitsweisen – bildlich gesprochen – aus der Hirnkammer zu holen.

Gleichartiges gebündelt zu erledigen, bringt mehrere Vorteile:

- **Man spart Zeit:** Pro Tag verlieren Büroarbeiter allein durch den häufigen Wechsel zwischen inhaltlichen Aufgaben und E-Mails mehr als eine Stunde Zeit. Man ist schneller, wenn man gleichartige Dinge gebündelt erledigt.
- **Man spart Energie:** Das Gehirn muss nicht ständig überlegen: Was mache ich jetzt? Das frisst Energie. Man kann bei einer Sache bleiben. Ich habe für bestimmte Tage bestimmte Aufgaben festgelegt, an denen sie erledigt werden.
- **Man erlebt größere Erfolge:** Wer ständig zwischen Aufgaben wechselt, kommt überall nur ein bisschen weiter. Wer gebündelt Sachen erledigt, schafft in der Regel mehr – das fühlt sich dann auch besser an.

Natürlich sind wir keine Maschinen, die in erster Linie auf Effizienz getrimmt sind. In unserem Handeln spielen immer auch andere Faktoren eine Rolle. Der Mann einer Freundin bügelt jeden Morgen ein Hemd. Das ist vielleicht nicht supereffizient, aber er liebt es, in ein frisch gebügeltes Hemd zu schlüpfen.

Seit Kurzem besitze ich eine dieser Kaffeemaschinen, die auf Knopfdruck Bohnen mahlt und Kaffee zubereitet. Gerade eben habe ich Bohnen nachgefüllt und natürlich mit Zimt bestreut. Denn Kaffee mit Zimtgeschmack finde ich einfach wunderbar.

INSPIRATION FÜR DICH

NUR SO 'NE FRAGE

Wo bündelst du Aufgaben bereits effektiv? Wo wechselst du häufig zwischen verschiedenen Tätigkeiten oder machst ähnliche Dinge mehrfach in kurzer Zeit? Was könnte ein erster Schritt sein, Dinge besser zu bündeln?

NUR SO 'NE IDEE

Egal, ob du im Büro, in einer Werkstatt oder Fabrik arbeitest: Beobachte mal einige Tage lang dein Verhalten. Stell dir vor, du hättest den Auftrag, deine Prozesse und Abläufe zu optimieren. Erstelle einen Plan, welche Tätigkeiten sich bündeln lassen. Und welche Zeiten und Tage besonders geeignet für bestimmte Aufgaben sind.

BUCHTIPP

Bianka Bleier, Birgit Schilling: Besser einfach – einfach besser. Das Haushalts-Survival-Buch, 2010
Tipps und Tricks für alle, die Haushalt (nicht) lieben und ihn deshalb effizienter anpacken wollen. Die geschilderten Prinzipien lassen sich auch auf andere Bereiche übertragen.

FILMTIPP

Loriot: Pappa ante Portas, 1991
Zum Schmunzeln und Lachen: Nachdem Heinrich Lohse in den Ruhestand versetzt wurde, versucht er, den Haushalt seiner Frau generalstabsmäßig zu organisieren – was natürlich zu Konflikten führt.

MULTITASKING IST MULTIDUMM

FOKUS GIBT KRAFT

Es gehört zu den Mythen des modernen Lebens, dass man schneller ist, wenn man mehrere Dinge gleichzeitig tut. Mal abgesehen davon, dass man sich in vielen Situationen fragen kann, ob Schnelligkeit ein erstrebenswerter Wert ist, funktioniert es nicht. Im Prinzip ist Multitasking weder bei Computern – woher das Wort ursprünglich kam – noch bei Menschen eine Gleichzeitigkeit, sondern ein schneller Wechsel zwischen zwei Aufgaben. Bei jedem Wechsel braucht das Gehirn Umschaltzeit.

Bei Computern kann man es messen: Wenn man zwischen Aufgaben hin und her springt, ist man langsamer, als wenn man die Dinge nacheinander erledigt. Obendrein raubt einem das Multitasking auch noch das Gefühl, eine Aufgabe gut abgeschlossen zu haben.

Multitasking funktioniert auch deshalb nicht, weil das Gehirn sich nur maximal vier Dinge gleichzeitig merken kann. Oder weniger. So wie eben, als ich vor Beginn des Schreibens noch mein Telefon von der Solarstrom-Ladestation ins Büro holen wollte. Unterwegs sah ich eine Fliege an der Wand und fing sie. Dann stand ich orientierungslos im Flur: Was wollte ich eigentlich? Das Dumme ist, dass Fliegen – oder all die anderen kleinen Dinge, von denen wir uns ablenken lassen – uns schnellen Erfolg versprechen. Wenn ich an einem komplizierten Konzept sitze, ist es leicht für mich, „nur eben schnell mal" meine Mails oder meinen Kontostand anzusehen.

Autor Peter Bregman erzählte in einem Interview, dass er es hasst, Manuskriptangebote zu verfassen. Seine Frau hingegen liebt es, wenn er an einem Manuskriptangebot arbeitet oder arbeiten sollte. In diesen Zeiten räumt er plötzlich die Wohnung oder sein Büro auf, verbringt mehr Zeit mit Gesprächen und fängt sogar an, für die Familie zu kochen – alles, um der ungeliebten Aufgabe auszuweichen.

In diesem Jahr habe ich mir als großes Lernziel Fokus gewählt. Ich will die Fähigkeit einüben, konzentriert an einer Aufgabe zu bleiben. Das ist für mich, die extrem schnell und intensiv auf Reize von außen und innen reagiert, eine der größten Herausforderungen, die ich mir je stellte.

FOKUS LERNEN

Fokus ist für mich noch immer eine Herausforderung. Doch ich habe schon einiges dazugelernt.

- **Den Nutzen vor Augen haben:** Man erinnert sich daran, dass fokussiertes Monotasking effizienter, schneller und entspannter ist als Multitasking.

  Dabei kann helfen, sich ins Gedächtnis zu rufen: Ich bin in meinem Leben die Regentin oder der Chef – ich lass mich doch nicht von jeder Fliege von meinen Aufgaben abbringen.

- **Ziele definieren:** Am besten entscheidet man schon am Abend vorher, was man tun und wie viel Zeit man für einzelne Aufgaben verwenden will und was die Priorität ist. Anschließend legt man fest, in welcher Reihenfolge man die Aufgaben erledigen will. Dann muss man die Sachen „nur noch" abarbeiten.

- **Ablenkungen abschalten:** Man kann mit Kopfhörern, Rückzug und Ausschalten von Telefon, Internet und Schildern Abhilfe schaffen. Wichtig ist auch, für den Körper zu sorgen, sodass er nicht durch Kälte, Durst, Harndrang oder Hunger ablenkt.

- **Unangenehme Gefühle aushalten:** Oft neigen wir zu Multitasking, wenn wir nicht weiterwissen. Das ist unangenehm und verleitet dazu, sich abzulenken, um dem Gefühl zu entkommen. Hier kann man üben, den unangenehmen Moment auszuhalten.

- **Bewegung als Alternative zur Ablenkung:** Stecken zu bleiben kann auch ein Zeichen dafür sein, dass das Gehirn Bewegung braucht. Nach ein paar Minuten körperlicher Aktivierung kehrt man frischer zur eigentlichen Aufgabe zurück.

- **Abschluss feiern:** Das Gehirn liebt es, belohnt zu werden. Je öfter es für eine Handlung belohnt wird, umso mehr will es davon haben. Als Belohnung genügt ein warmes Lob. Oder auch eine Pause, um eine Runde Fliegen zu fangen.

INSPIRATION FÜR DICH

NUR SO 'NE FRAGE

Bei welchen Gelegenheiten oder Fehlern neigst du besonders dazu, dich von einer Aufgabe ablenken zu lassen und lieber etwas anderes zu tun? Was würde sich in deinem Leben verändern, wenn du ruhiger und fokussierter eines nach dem anderen tun könntest?

NUR SO 'NE IDEE

Spiele Detektiv in deinem Leben: Finde eine Woche lang so viele Situationen wie möglich, wo du dich von dem ablenken lässt, was du eigentlich tun willst. Entdecke die „Fliegen". Entwickle so viele Ideen wie möglich, wie du den Aufmerksamkeitsdieben das Handwerk legen kannst.

BUCHTIPP

Kerstin Hack: Johannes Gutenberg. Einer, der die Medien revolutionierte, Down to Earth, 2014
Gutenberg arbeitete über 10 Jahre, bis aus der ersten Idee ein funktionierendes Konzept geworden war – sein Fokus muss atemberaubend gewesen sein und hat die Welt für immer verändert.

FILMTIPP

Mel Gibson: Braveheart, 1995
„Ohne Freiheit ist alles andere nichts wert" lautet das Motto des schottischen Aufständischen William Wallace, der es nicht ertragen kann, dass seine Landsleute von den Engländern unterdrückt werden. Trotz vieler Rückschläge bleibt er seinem Fokus und seinem Ziel treu.

FEIERN & HÖHEPUNKTE

FEIERLAUNE

Mein Zahnarzt ist ein freundlicher Typ. Mit seinem Fachwissen über Funktion und Dysfunktion des Kiefers hat er es zum Dozenten an einer Osteopathie-Schule gebracht. Er könnte eingebildet sein, ist aber stets bescheiden und nett.

Er ist sogar dann noch nett, wenn ich Dummheiten mache – etwa die Schiene zur Kieferkorrektur beim Telefonieren in die Hosentasche stecke und mich dann während des Gesprächs einmal temperamentvoll nach vorne beuge. Knacks – jetzt habe ich zwei halbe Schienen. Sekundenkleber half auch nicht.

Zur Entschuldigung und auch ein wenig zur Feier der Freundlichkeit des Arztes bringe ich einen meiner Kalender als Geschenk mit. Für mich ist Freundlichkeit nichts Selbstverständliches, sondern etwas Besonderes. Das will ich feiern.

In unserer Sprache gibt es viel Anlass zum Feiern: Feiertag, Feierabend, Feierlaune usw. Mehr als in anderen Sprachen. Doch wir scheinen das Feiern auf besondere Festtage zu beschränken.

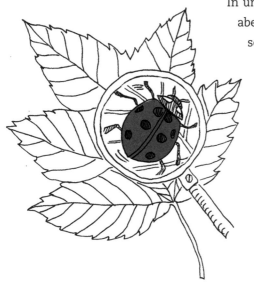

Das finde ich schade. Etwas miteinander zu feiern, stärkt nicht nur meistens die Laune, sondern auch die Verbundenheit zwischen Menschen. Deshalb feiern wir Hochzeiten, Beförderungen, Geburtstage miteinander.

Feiern muss nichts Großes sein. Ich habe Feiern für mich so definiert: Feiern heißt das Besondere betonen. Das Besondere kann der ersehnte Auftrag sein, den man nun in der Tasche hat. Oder auch der erste Tag, an dem man nach einem langen Winter wieder ein Frühjahrskleid tragen kann.

DIE KUNST DES FEIERNS

Feiern macht glücklich. Und im Grunde braucht man zum Feiern nur zwei Zutaten: Zum einen, das Besondere wahrzunehmen, und zum anderen, es angemessen auszudrücken.

Die Kunst, das Besondere wahrzunehmen

Das fängt damit an, dass man realisiert, dass ein Ort, ein Ereignis, eine Jahreszeit, ein Anfang oder Ende oder ein Mensch etwas Besonderes ist. Wer alles und jeden für selbstverständlich nimmt, wird sich seltener nach Feiern fühlen als derjenige, der viele Dinge als etwas Besonderes bewertet.

Wir können lernen, gerade die „kleinen" besonderen Ereignisse wahrzunehmen und so im Alltag mehr Anlässe zum Feiern zu finden.

Die Kunst, das Besondere angemessen zu betonen

Jedes Ereignis braucht einen anderen Ausdruck, um es zu betonen. Einen Fußballsieg der Lieblingsmannschaft feiert man anders als den Beginn des Frühlings. Und die Befreiung aus Gefangenschaft anders als eine Verlobung oder ein Rezept, das man zum ersten Mal erfolgreich nachgekocht hat.

Ab und zu genügt zum „kleinen Feiern" ein Lächeln oder ein Schulterklopfen, zu anderen Zeiten ist festliche Kleidung und ein großes Geschenk angemessen, um einen Anlass gebührend zu feiern. Der Kreativität sind keine Grenzen gesetzt.

Der nette Zahnarzt freute sich – wie ich erwartet hatte – über das Geschenk. Und er erzählte mir, dass ein anderer Patient die Schiene mehrfach auf genau die gleiche Art und Weise zerbrochen hatte.

Ich atmete tief auf: Ich bin nicht die einzige Person, der so was Dummes passiert. Auch ein Grund zum Feiern.

INSPIRATION FÜR DICH

? NUR SO 'NE FRAGE

Wann hast du das letzte Mal gefeiert? Und was? Was könnte dich bewegen, öfters kleine und größere Momente zu feiern?

NUR SO 'NE IDEE

Wann immer du bemerkst, dass jemand etwas gut gemacht hat, nutze das als Gelegenheit zum Feiern – und wenn es „nur" ein Lob oder ein Schulterklopfen ist.

MUSIKTIPP

Manfred Siebald: Zur Feier des Tages, SCM Hänssler, 2017
Eine CD, die einlädt, die kleinen besonderen Augenblicke im Alltag wahrzunehmen und zu feiern.

FILMTIPP

Jean Pierre Leunet: Die fabelhafte Welt der Amélie, 2001
Amélies Leben ist eigentlich eher trist und traurig, doch sie beherrscht die Kunst, wunderbare Kleinigkeiten wahrzunehmen und zu feiern. Und andere mit ihrer zauberhaften Weltsicht anzustecken.

DAS ERSTE
IST IMMER ETWAS
BESONDERES

DIE ERSTEN MALE

Gestern sah ich zum allerersten Mal ein Rotkehlchen aus nächster Nähe. Als ich meinen „Garten" umgrub, kam der Jungvogel in meine Nähe und schaute mir zu – und kackte entspannt vor meiner Nase. Dann erfrischte er sich an meinem Gießwasser und genoss einen Regenwurm, den ich ausgebuddelt hatte.

Noch nie habe ich erlebt, dass ein wildes Vögelchen sich bis auf Armeslänge in meine Nähe wagte und ganz vertraulich vor mir saß, aß und kackte. Ich hielt fast den Atem an, um den Kleinen oder die Kleine – so genau konnte ich das nicht sehen – nicht zu erschrecken. Es war wunderschön.

Es war etwas ganz Besonderes, weil ich das noch nie vorher so erlebt hatte. Erste Male prägen sich uns in besonderer Weise ein und berühren uns tiefer als spätere gleichartige Ereignisse. Der erste Schultag, der erste Kuss, der erste Arbeitstag, der erste selbst verdiente Urlaub, der erste Flug.

Unser Gehirn merkt sich erste Male immer, weil es gierig darauf ist, Neues zu erfahren – erste Male als etwas Besonderes hervorzuheben, trägt dazu bei, dass wir sie uns merken und so für spätere gleichartige Erlebnisse gut gerüstet sind.

Das gilt in gleichem Maß für negative Ersterlebnisse. Der erste Säbelzahntiger oder Autofahrer, dem wir gerade noch entronnen sind, bleibt uns intensiv im Gedächtnis – wir schützen uns künftig vor ähnlichen Erfahrungen.

Weil das Gehirn uns auf die Zukunft vorbereiten will, überschüttet es uns bei ersten Malen je nach Situation mit Glücks- oder Stresshormonen.

MEHR GLÜCKSMOMENTE ERLEBEN

Ich nutze die Eigenschaft des Gehirns, mich mit Glückshormonen zu überschütten, wenn ich etwas Positives zum ersten Mal erlebe, schamlos aus.

Das mache ich, indem ich einen Trick anwende. Ich lasse mein Gehirn wissen, dass ich bestimmte Dinge zum ersten Mal erlebe – zumindest an diesem Tag.

„Gerade sehe ich den ersten Sonnenaufgang des Tages!", „Jetzt dusche ich zum ersten Mal!", „Das ist der erste Kaffee des Tages!" Dem Gehirn ist es egal, ob das erste zugleich auch das letzte Erlebnis dieser Art an diesem Tag ist. Es hört nur das Stichwort „das erste" und beschenkt mich mit Dopamin und Gefühlen, die sich sehr angenehm anfühlen.

Es mag primitiv sein, das eigene Gehirn so auszutricksen – mir ist das egal. Jeder Mensch erlebt den Tag über genug Anspannung und Stress. Da schadet es gar nichts, Kopf und Herz mit ein paar zusätzlichen Portionen positiver Hormone zu imprägnieren.

Wer positive Gefühle hat, ist glücklicher und für die anderen ein angenehmerer Mitmensch. Sein Gehirn arbeitet auch besser und der Körper ist zumindest etwas besser gegen die negativen Auswirkungen von Stress geschützt.

Noch intensiver wirkt die „erste Male"-Methode, wenn man die ersten positiven Erlebnisse nicht nur als solche wahrnimmt, sondern auch bewusst abspeichert und sich innerlich sagt: Das will ich mir merken.

So kann man sie am Abend leichter Revue passieren lassen oder in Wartezeiten – etwa auf dem Heimweg in öffentlichen Verkehrsmitteln – noch einmal nacherleben. Dann ist aus dem schönen ersten Mal gleich noch ein schönes zweites Mal geworden, das man innerlich feiern kann.

INSPIRATION FÜR DICH

NUR SO 'NE FRAGE
Welche drei großen und welche drei kleinen „ersten Male" sind dir besonders in Erinnerung geblieben? Was daran hat dich besonders bewegt?

NUR SO 'NE IDEE
Achte in den nächsten Tagen darauf, was du an diesem Tag zum ersten Mal erlebst. Genieße es besonders intensiv.

BUCHTIPP
Kerstin Hack: Stress reduzieren. Leicht und entspannt leben lernen, Down to Earth, 2013
Positives tanken ist nur eine von vielen Strategien, um Stress abzubauen. In diesem Quadro erläutere ich noch viele weitere.

FILMTIPP
Dai Sijie: Balzac und die kleine chinesische Schneiderin, 2001
Das erste Mal Liebe. China 1971: Während der Kulturrevolution werden der 18-jährige Luo und der 17-jährige Ma aufs Land geschickt. Beide jungen Männer verlieben sich in die Tochter des Schneiders.

NICHT ZU LANGE WARTEN

„Was trinken die hier in Schweden? Apfelsekt?!" Ich wuchs in Franken auf, nahe der Region, in welcher der berühmte Frankenwein – erkennbar am markanten Bocksbeutel – angebaut wird. Als Kind dachte ich sogar, die Abkürzung WZG stünde für Würzburg statt für Winzergenossenschaft.

Später erfuhr ich, dass auch in anderen Regionen Deutschlands und der Welt guter Wein aus Trauben produziert wurde. Aber dass die pfiffigen Schweden sich in Ermangelung an genießbaren Trauben mit Äpfeln für Sekt behalfen, das irritierte mich dann doch sehr.

Da ich gern Neues probiere und es beim Hochzeitsempfang meiner blonden Freundin Lena – wie könnte sie als Schwedin auch anders heißen – zum Anstoßen nichts anderes gab, griff ich zu. Und stellte zu meinem Erstaunen fest: Apfelsekt schmeckt gar nicht so schlecht. Man könnte sogar sagen: fast gut.

Sie schenkte mir zum Abschied eine Flasche des interessanten goldgelben Getränks. Ich wollte es für eine besondere Gelegenheit aufbewahren. Und wartete und wartete und wartete. Der Sekt zog mehrmals mit mir um und stand in seiner dekorativen Flasche jahrelang in meinen diversen Küchen.

Als Lena, die mittlerweile schon zwei Kinder großgezogen und ihre Silberhochzeit gefeiert hatte, zur Feier meines 50. Geburtstags kam, entschied ich: Jetzt ist der besondere Moment gekommen.

Feierlich gingen wir sicherheitshalber an Deck meines Schiffes, weil man nicht weiß, wie ein Vierteljahrhundert alter Apfelsekt sich verhält.

Leider war er, als wir ihn gemeinsam öffneten, nicht mehr genießbar. Wie schade!

MEHR BESONDERE MOMENTE SCHAFFEN

Das Schicksal des Apfelsekts teilte auch eine Flasche des edlen Sandemann-Sherrys – ein Mitbringsel aus einem Portugalurlaub. Diese verdorbenen Spirituosen haben mir klar vor Augen geführt, dass es nichts bringt, zu lange auf besondere Momente zu warten. Ich hätte den Apfelsekt ja auch zum 30. oder 40. Geburtstag trinken können oder zum 27,5.

Manche Anlässe bieten sich zum Feiern natürlich besonders an – die klassischen Feiertage, Geburtstage, Hochzeitstage, Freundschaftstage, Beförderungen und vieles mehr. Hier kann man überlegen, mit welchen Aktivitäten, Lebensmitteln oder sonstigen Genüssen man die Schönheit und Freude dieses Tages betonen kann.

Man kann zum Feiern auch vorhandene Anlässe nutzen. Jeden Tag wird etwas Bedeutsames wie die Unabhängigkeit eines Landes gefeiert. Oder auch etwas Skurriles wie der Tag des deutschen Butterbrotes (30. September). Man kann auch die Feste von Freunden mitfeiern, z. B. am 27. April den Unabhängigkeitstag Togos bei leckerem Essen.

Doch der Schlüssel zu mehr Feiern ist: Besondere Momente einfach selbst zu bestimmen: „Heute ist der erste Frühlingstag – den könnten wir dadurch feiern, dass wir das besondere Geschirr hervorholen, statt es im Schrank verstauben zu lassen." Heute ist der Tag der schön gekleideten Menschen – Zeit für das besondere Outfit!

Der eigenen Fantasie sind keine Grenzen gesetzt: Man kann den Tag des neuen Haarschnitts ebenso feiern wie das Ende der Windel-Ära, den Beginn einer Jahreszeit, die Buchung des Urlaubs und Vorfreude oder die Eröffnung eines neuen Tagebuches.

Wichtig ist nur, den Apfelsekt nicht zu lange in der Flasche zu lassen – sondern rechtzeitig zu bestimmen, wann der passende Anlass zum Feiern gekommen ist. Lena und ich haben vor einiger Zeit beispielsweise 22 Jahre Freundschaft gefeiert. Mit richtigem Sekt.

INSPIRATION FÜR DICH

? NUR SO 'NE FRAGE

Was waren die schönsten spontanen Feiern eines einzigartigen Momentes, die du oder andere Menschen initiiert haben? Was hat dazu geführt, dass sie dir in besonderer Erinnerung geblieben sind?

NUR SO 'NE IDEE

Finde etwas, das du feiern kannst – entweder etwas Eigenes oder nutze einen besonderen Tag einer Nation oder Initiative, den du mitfeiern möchtest. Lade wenn möglich Menschen ein, das Ereignis mit dir zu zelebrieren.

BUCHTIPP

Birgit Feinstein: Symbole. Impulse, den Dingen Bedeutung zu geben, Down to Earth, 2011
Symbole können ein guter Weg sein, um das Besondere noch eine Weile im Gedächtnis zu behalten: die Muschel vom Strand, eine Eintrittskarte, ein Ring. Dieses Heft bietet dir viele Ideen, wie du Impulse zum Vertiefen des Schönen und Guten nutzen kannst.

INTERNETTIPP

Eine Übersicht vieler Gedenktage, Aktionstage usw. findest du bei *www.dertagdes.de*.
Eine Sammlung kurioser Feiertage vom Tag der Currywurst bis zum Tausche-mit-deinem-Chef-Tag gibt es unter *www.kuriose-feiertage.de*.

WER DEN MOMENT NICHT EHRT, IST DES GLÜCKES NICHT WERT

GLÜCK IM UNGLÜCK

Gestern war richtig Sturm. Es windete so heftig, dass wir das Schiff mit zusätzlichen Leinen befestigen mussten, da die Hauptleine zu reißen drohte. Am Ende ging alles gut. Fast alles.

Wegen Sturmschäden war der S-Bahnverkehr stark betroffen. Das hätte ich mir denken können. Habe ich aber nicht. Und so kam ich 10 Minuten nach Ende des Check-in am Flughafen an. Den geplanten Flug konnte ich nicht mehr nehmen. Ein kleines Unglück.

Ich wäre nicht ich, wenn ich nicht nach Wegen suchen würde, um das Beste aus der Situation zu machen und die Wartezeit auf den nächsten Flug genussvoll zu nutzen. Man kann mitten im Unglück ein wenig Glück suchen und finden.

Ich habe mir erst mal eine Zwei-Euro-Massage in einem der Massagesessel gegönnt. Nicht so gut, wie von einem echten Menschen geknetet zu werden, aber nach einer kurzen Nacht eine Wohltat für Körper und Seele. Anschließend habe ich mich im Duty-Free-Bereich geschminkt und großzügig Kaviarserum aus dem Tester einer Edelmarke auf der Haut verteilt, das den zarten Preis von 395 Euro pro Fläschchen kostet. Die Flasche für 555 Euro war leider leer.

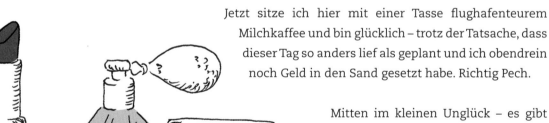

Jetzt sitze ich hier mit einer Tasse flughafenteurem Milchkaffee und bin glücklich – trotz der Tatsache, dass dieser Tag so anders lief als geplant und ich obendrein noch Geld in den Sand gesetzt habe. Richtig Pech.

Mitten im kleinen Unglück – es gibt weitaus größere Katastrophen – bin ich glücklich, dass es so viele schöne Dinge gibt, die ich genießen kann. Weil ich es kann.

KLEINE GLÜCKSMOMENTE GENIESSEN

Ich bin überzeugt: Glück gibt es nur selten in XXL-Packungen. Auf einmal das ganz große Glück: der Sechser im Lotto, Glück in der Liebe, Gesundheit und Erfolg im Beruf, erfüllende Spiritualität und belebende Freundschaften. Die Wahrscheinlichkeit, dass all das auf einmal zusammen im Leben auftritt, ist eher gering.

Und selbst wenn es so wäre – die Fähigkeit, das Glück dann auch zu genießen, will erlernt sein. Ich bezweifle, dass Menschen, die kleine Momente nicht genießen können, plötzlich glücklich sind, wenn das große Glück kommt.

Forscher sagen, dass sich das Gefühl des Glücklichseins aus mehreren Komponenten zusammensetzt: Genuss, Dankbarkeit, Ziele, Geben und Mitgefühl. Ich selbst halte den Genuss für besonders wichtig – schlicht und ergreifend, weil es immer etwas gibt, was man einige Momente lang genießen kann. Das kann Herbstlaub auf den Straßen, Regen auf der Nase, Sonne auf der Haut oder das Lächeln eines Kindes sein.

Das Leben ist voll von kleinen Geschenken, die uns glücklich machen können, wenn wir sie wahrnehmen. Mein Glücksempfinden habe ich beispielsweise durch eine vermeintlich kleine Sache drastisch gesteigert: Ich schaue Vögeln hinterher.

Es ist wunderschön, Vögel zu sehen: Enten, die eher gemütlich schwimmen, aktive Komorane, kraftvoll-majestätische Schwäne. Ich habe mir angewöhnt, meine Aktivitäten zu unterbrechen, wann immer ich einen Vogel sehe, und einige Momente hinzusehen.

Jetzt sind in mir Dutzende von Bildern und Tropfen für Tropfen haben diese Momente mein Glücksreservoir bis zum Überfließen gefüllt. Gestern habe ich Enten gesehen, die auf den ein Meter hohen Wellen surften. Sie sahen zufrieden aus und haben mir vermittelt: Man kann mitten im Sturm glücklich sein und das Leben feiern.

INSPIRATION FÜR DICH

NUR SO 'NE FRAGE
Blicke um dich herum oder in dich hinein: Welche Dinge, Momente oder Erinnerungen kannst du jetzt genießen?

NUR SO 'NE IDEE
Übe dich darin, jeden Tag mindestens 10 Momente bewusst zu genießen. Am besten ist es, wenn du 20 oder 30 Sekunden pausierst und nur beobachtest oder fühlst. Und speicherst anschließend den Moment und die dazugehörigen Gefühle bewusst ab.

BUCHTIPP
Kerstin Hack: Glück. Impulse für ein reiches Leben, Down to Earth, 2006
Die wichtigsten Erkenntnisse der Glücksforschung sind hier zusammengefasst – als Inspiration fürs eigene Glück oder, um andere glücklich zu machen.

FILMTIPP
Bob Reiner: Das Beste kommt zum Schluss, 2008
Edward und Carter haben nicht mehr lange zu leben – und entschließen sich, die letzte Zeit, die ihnen noch bleibt, richtig zu genießen.

DIE LÖSUNG EINES PROBLEMES IST DER BEGINN EINES NEUEN – WIE WUNDERBAR!

ZIELE NICHT ÜBERFRACHTEN

Man gewinnt im Lotto und muss auf einmal überlegen, was man nun mit dem ganzen Geld macht. Man findet den Partner fürs Leben – und plötzlich hat man jede Nacht jemandem neben sich. Man macht die Traumreise und hat dann auf einmal keinen Traum mehr, auf den man hinleben kann.

Es ist ganz natürlich, dass man auf Ziele hinlebt. Ich schreibe sehr gern. Es ist ein Geschenk für mich, die Möglichkeit zu haben, alles, was mir in den letzten Jahrzehnten wichtig wurde, zu Papier zu bringen.

Mein Traum vom Schreiben ist, Zeit zu haben und nichts anderes zu tun, als nur zu schreiben. So wie ich es bei meinem Buch „Die Hütte und ich" gemacht habe. Es war ein Genuss. Die aktuelle Realität sieht anders aus. Ich schreibe und baue „nebenbei" ein Schiff und einen Verlag um.

Also sehne ich mich – bei aller Freude – auch nach dem Moment, an dem ich sagen kann: Jetzt ist das Buch fertig geschrieben. Ich freue mich darauf. Und versuche, mich zugleich davor zu hüten, davon mein ganzes Glück zu erwarten.

Das passiert sehr leicht. Man leidet unter einer Situation und denkt: Wenn ich das gelöst habe, bin ich glücklich – für immer und ewig. Das „für immer und ewig" gesteht man sich selten ein, doch im Grunde ist es stets da.

Ein Ziel zu erreichen, ist immer nur ein Moment, den man gern und gut feiern kann. Dann geht es weiter. Das meine ich kein bisschen sarkastisch. Sondern nur als Schutz davor, ein Ziel mit zu hohen Erwartungen zu überfrachten.

ENTSPANNT ZUM ZIEL ... UND DANACH WEITER

Ob es das Schreiben eines Buches, Abnehmen oder Verschlanken der Wohnung ist: Ich liebe es, mir auf gute Weise Ziele zu setzen und sie zu erreichen.

Etappenziele sorgen für häufigeres Glück

Als ich das Schiff umbaute, wurde mir klar: Wenn ich mich erst am Ende, wenn das große Ziel erreicht ist, fertig zu sein, freue, kann ich mich nur ein einziges Mal freuen. Jahrelange harte Arbeit für ein paar Stunden oder Tage Freude – das ist wenig. Ich übte mich darin, jeden Zwischenschritt zu feiern – herrlich!

Ziele erreichen macht nicht (dauerhaft) glücklich

Glück erleben wir, wenn wir gemäß unserer Werte handeln, wenn wir uns bewegen und auf Begegnung einlassen. Ziele zu erreichen, schenkt uns hingegen nur kurzfristig Freude.

Zu hohe Erwartungen schmälern die Freude beim Erreichen des Ziels

Menschen verbrauchen viel emotionale Energie mit der Vorstellung, wie wunderbar es am Ziel sein wird. So viel, dass bei der tatsächlichen Ankunft nur noch Kraft für ein Schulterzucken übrig ist. Zielerreichungstrugschluss nennen Psychologen das Phänomen, dass die erhoffte Glückseligkeit nicht kommt.

Jetzt genießen, aufs Ziel zugehen und wissen, dass es danach weitergeht

Mit dieser Formel habe ich für mich den entspannten Umgang mit Zielen zusammengefasst und handle so. Ich genieße das Schreiben, freue mich auf das Ziel, aber erwarte mein Glück nicht davon. Sondern weiß, dass dann neue Herausforderungen auf mich warten. Das ist Leben!

INSPIRATION FÜR DICH

NUR SO 'NE FRAGE

Ist es dir schon einmal passiert, dass du dich auf ein Ziel gefreut hast und am Ende fast enttäuscht warst, als du es erreicht hast, weil es deine Erwartungen nicht erfüllte? Was hat zum Frust beigetragen? Wann hast du es anders erlebt?

NUR SO 'NE IDEE

Wähle dir eines deiner Ziele aus und praktiziere Zielerreichungsgelassenheit: Den Moment genießen, nicht zu viel vom Zielerreichen erwarten und dir bewusst sein, dass es danach weitergeht.

BUCHTIPP

Kerstin Hack: Zukunftsfragen. Impulse, das Kommende zu gestalten, Down to Earth, 2010
Von was für einer Zukunft träume ich? Und was hat das mit mir selbst zu tun? Dieses Impulsheft lädt dazu ein, den eigenen Zukunftswünschen nachzuspüren und Wege zur Verwirklichung zu suchen – auch wenn die Zukunft am Ende doch anders kommt als gedacht.

FILMTIPP

Kay Pollak: Wie im Himmel, 2004
Durch eine Fügung des Schicksals übernimmt der begabte Dirigent Daniel Daréus die Leitung eines Dorfchores, den er weiterentwickeln will. Bei der Teilnahme an einem Musikfestival erreichen sie ihr Ziel anders als geplant.

ABSCHIED VOM SOMMER

Heute Morgen habe ich Abschied gefeiert. Vom Sommer, meiner definitiven Lieblingsjahreszeit. Auch wenn es tagsüber glücklicherweise noch sonnig und warm ist, sind die Vormittage und Abende schon ziemlich frisch.

Ich spüre das beim Joggen. Am liebsten drehe ich morgens barfuß auf einer nahe gelegenen Wiese ein paar Runden. Ich liebe es, den weichen Boden und das taufrische Gras zu spüren. Heute war der Tau aber schon empfindlich frisch.

Vom Barfußjoggen und vom Sommer verabschiedete ich mich nun, indem ich einige Runden lief und das kühle Gras unter meinen Fußsohlen genoss. Ich blickte einem hellblauen Luftballon nach, der durch den frischen Wind getrieben stromaufwärts schwamm. Ich speicherte die Erinnerung.

Zum Abschiedfeiern gehört auch, anzuerkennen, dass manche Dinge nie mehr oder zumindest für eine Weile nicht mehr so sein werden, wie sie waren. Hier hilft ein klares Anerkennen „Ja, so ist es!" in der Regel sehr dabei, sich auf das Neue einzulassen, auch wenn es womöglich nicht das ist, was man gewählt hat.

Das kann – gerade wenn es ein Abschied für immer ist – sehr schmerzhaft sein. Aber wer sich dieser Realität nicht stellt, bleibt in dem Alten stecken.

Ich habe das beim etwas überstürzten Abschied von dem Ort, an dem ich ein Freiwilliges Soziales Jahr verbracht hatte, erlebt. Ich kam nicht richtig im Neuen an, bis ich noch einmal an den alten Ort fuhr und mich von Menschen und Räumen verabschiedete. Dann war es gut.

DIE REALITÄT ANERKENNEN – DAS GUTE BEWAHREN

Das Loslassen und Akzeptieren dessen, was für eine Weile oder für immer nicht mehr Teil des eigenen Lebens sein wird, ist ein Aspekt des Abschiedfeierns. Das aktive Speichern der Erinnerungen und der guten Gefühle ist der andere.

Abschied ist hart. Ich denke auch mit Schmerz an Abschiede von Menschen, die aus meiner Sicht viel zu früh aus meinem Leben gegangen sind. Doch es wäre fatal, aus Angst vor Abschiedsschmerz die Kostbarkeiten einer bestimmten Phase nicht mitzunehmen. Ein Weg dazu können Erinnerungsstücke sein.

Erinnerungsstücke finden

„Ich dacht' an dich in Leipzig!" Die Porzellantasse mit Goldrand steht im Geschirrschrank meiner Eltern. Wer da an wen gedacht hat, ist nicht mehr bekannt – doch das gute Stück ist schön und dekorativ.

Früher hielt ich Erinnerungsstücke eher für überflüssig und kitschig. Heute sehe ich ihren Wert. Der liegt weniger im Gegenstand, sondern vielmehr darin, dass man damit die Erinnerungen verbindet. So wie zwei getöpferte Becher mir die schönen Momente mit einer verstorbenen Freundin lebendig machen.

Erinnerungsstücke kann man auch für kleine Abschiede gezielt wählen. Durch „meine" Wiese führt ein Weg, in dessen Ritzen sich Pflanzen eingenistet haben. Ich zog eine der winterharten Steingartenpflanzen heraus und setzte sie in ein karges Stück Erde auf dem Weg zu meinem Schiff. Ich hoffe, sie schlägt Wurzeln.

Wann immer ich in den nächsten Monaten – vermutlich dick eingewickelt in Winterklamotten – an der Pflanze vorbeikomme, wird sie mich an diesen Abschied erinnern, an das Gefühl, frisches Gras unter den Füßen zu spüren.

INSPIRATION FÜR DICH

NUR SO 'NE FRAGE

Denke an die Abschiede in deinem Leben: Welche davon sind dir in besonders guter Erinnerung geblieben? Was hat sie so einzigartig gemacht? Was hilft dir, gut Abschied zu nehmen?

NUR SO 'NE IDEE

Feiere heute einen Abschied – vielleicht einen, der ansteht, oder auch nachträglich, wenn du es versäumt hast, an der einen oder anderen Stelle Abschied zu nehmen.

BUCHTIPP

Leo Lionni: Frederick, Beltz, 2016
Der Mäuserich Frederik ist ein Meister im Sammeln von Eindrücken. Während die anderen Mäuse den Sommer nur nutzen, um Vorräte zu sammeln, speichert er Erinnerungen, welche die kalten Wintertage wärmen.

FILMTIPP

Nick Cassavetes: Wie ein einziger Tag, 2004
Als Allie, die Liebe seines Lebens, ihr Gedächtnis verliert, bleibt ihrem Mann nichts als die Erinnerung, die er mit ihr zu teilen versucht.

ENERGIE & LEBENSFREUDE

ALLES LEBEN IST BEWEGUNG – ICH WERDE, WAS ICH TUE

WAS ICH TUE, FORMT MICH

Martin Buber wird mir hoffentlich verzeihen, dass ich sein kostbares Zitat „Alles Leben ist Begegnung. Ich werde am Du" so burschikos umformuliert habe. Der Gedanke kam mir heute Morgen bei meiner Joggingrunde, als mir eine Frau begegnete und mich freundlich grüßte. Ich sah ihr warmes Lächeln – und ihren Körper. Sie wiegt vermutlich 40 Kilo mehr als ich.

Als ich anschließend in die Spree sprang, um noch etwas zu schwimmen, entschloss ich mich, einige Minuten mehr und zügiger zu schwimmen als sonst.

Ich bin in einer Familie von sportbegeisterten Menschen aufgewachsen, die sich alle gern bewegen. Ich galt stets als unsportlich. Bücher und Gespräche faszinierten mich weit mehr als staubige Sportplätze und schweißtreibende Aktivitäten. Das hat sich in den letzten Jahren geändert und wurde durch eine Freundin inspiriert. Sie hat mich ermutigt, jetzt in meinen Körper zu investieren, damit er auch in späteren Jahren noch stark und gesund ist. Das löste in mir tiefe Resonanz aus.

Es gehört zu meinen tiefen Wünschen, noch viele Jahre etwas zum Leben von Menschen beitragen zu können. Dazu brauche ich einen Körper, der das kann. So habe ich für mich als Ziel definiert, dass ich mit 90 stärker und beweglicher sein möchte, als ich es jetzt bin.

Die Zukunft ist noch ein Stück weit weg. Doch ich will auch in der Gegenwart stark sein, um die Herausforderungen, die das Leben an mich stellt, zu meistern. Dazu gehört zum Beispiel das Tragen von Baumaterial oder das Blumengießen – mit 20-Liter-Eimern, die an einer Schnur in den Fluss gelassen werden – fehlende Arm- und Rückenmuskeln melden sich da sehr schnell.

Ich wünsche mir die Sicherheit, im Notfall extremen Herausforderungen – etwa nach einem Unglück oder Attentat – gewachsen zu sein. Hier hilft es mir nichts, perfekt Tischtennis zu spielen und Walzer tanzen zu können, sondern ich brauche Taktiken, um schnell zu rennen. Oder auch, um mich und andere zu retten, schwere Gegenstände gut wegheben und Menschen tragen zu können.

SCHRITT FÜR SCHRITT STÄRKER

Unternehmer Jon Butcher hat mit Mitte 50 noch die gleiche Kleidergröße und einen gut trainierten Körper – weil er, seit er Mitte 20 ist, täglich 20 bis 30 Minuten Zeit in Kraft und Ausdauer investiert. Er will dem Leben gewachsen und für seine Frau auch körperlich anziehend und sexuell leistungsfähig bleiben. Also investiert er jeden Tag.

In einem Video erklärte er: In weiten Teilen wird dein Körper von zwei Dingen geprägt:
- dem, was du in deinen Körper hineintust
- dem, was du mit deinem Körper tust

Diese zwei Aspekte bestimmen wesentlich, welchen Körper du nach einer Weile hast.

Das Wissen über Ernährung und Bewegung nützt uns nichts, wenn wir keine echte Motivation haben, uns zu bewegen oder gesund zu ernähren. Wir brauchen Ziele.

Mein Ziel: Ich will meinen Körper so stärken, dass ich größtmögliche Sicherheit habe. Bei Glätte bin ich mehrmals auf dem Steg zu meinem Schiff ausgerutscht. Bisher bin ich nie ins Wasser gefallen. Doch ich wollte wissen, ob ich mit Kleidung tatsächlich schwimmen kann. Ich ging schrittweise vor: Leggins plus T-Shirt, dann Jeans plus T-Shirt, dann Jeans, T-Shirt und Pulli. Es hat mir und der Freundin, die mutig mitmachte, Spaß gemacht. Noch mehr: Jetzt weiß ich tatsächlich: Mit Kleidung kann ich schwimmen. Das gibt mir Sicherheit.

Die nächsten Herausforderungen, die ich mir stelle, sind, mehr Dinge gesund tragen zu können. Hoffentlich tritt der Ernstfall nie ein, dass ich tatsächlich mich oder einen anderen Menschen aus einer Notsituation retten muss – aber wenn, dann will ich es meistern können.

Ich will gegenwärtige und künftige Herausforderungen meistern können. Ich trainiere meine Augenmuskeln, um schärfer zu sehen. Ich balanciere, um Koordination zu fördern. Weil das Zeit kostet, baue ich so viele Bewegungen wie möglich in den Alltag ein – ich balanciere beim Warten und schreibe oft auf einem Wackelbrett und werde Schritt für Schritt fitter.

INSPIRATION FÜR DICH

NUR SO 'NE FRAGE

Denke über deinen Körper, deine Energie und Beweglichkeit nach. Fange an zu träumen.
Was würde dich wirklich motivieren, deinen Körper zu stärken? Welchen Traum, welches Ziel hast du für deine Beweglichkeit? Das kann ein Ziel in naher Zukunft sein – etwa deinen Partner mit einem straffen Körper zu beglücken. Oder auch ein Ziel in fernerer Zukunft – mit deinen Enkeln im Gras zu spielen.
Male es dir so bildhaft wie möglich vor Augen. Wann immer du dich motivieren möchtest, deinem Körper Gutes zu tun, male dir das Bild vor Augen.

NUR SO 'NE IDEE

Wähle eine kleine oder größere körperliche Herausforderung: etwas, das du noch nicht beherrschst, aber in nächster Zeit meistern möchtest. Ich empfehle dir ein Ziel, das du in 8-10 Tagen erreichen kannst. Gehe in den nächsten Tagen Schritt für Schritt darauf zu.

BUCHTIPP

Gert und Marlen von Kunhardt: Fit in Minuten. Leichtes Training für zwischendurch, Down to Earth, 2012
Der ehemalige WM-Silbermedaillen-Gewinner im Fünfkampf, der auch noch mit 70 aus dem Stand auf einen Stuhl springt, ist Meister der kleinen Schritte. In diesem Trainings-Quadro erläutert er, mit welchen einfachen Übungen man Kraft und Beweglichkeit stärken und erhalten kann.

FILMTIPP

John Lee Hancock: Blind Side – die große Chance, 2009
Der 17-jährige afroamerikanische Michael landet bei einer reichen, weißen Familie. Die Mutter will alles tun, um ihn zu fördern – dazu gehört auch Bewegung.

ENERGIE IST BEWEGUNG

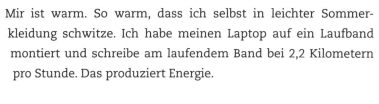

Mir ist warm. So warm, dass ich selbst in leichter Sommerkleidung schwitze. Ich habe meinen Laptop auf ein Laufband montiert und schreibe am laufendem Band bei 2,2 Kilometern pro Stunde. Das produziert Energie.

Meistens sind die Menschen, die zu mir ins Coaching kommen, hochmotiviert. Doch gelegentlich sind auch Menschen dabei, denen es innerlich sehr schlecht geht und die sich eine Verbesserung ihrer Gefühlslage erhoffen.

Eine ganze Reihe von ihnen würde ich am liebsten erst einmal aufs Laufband schicken oder ins Kochstudio. Denn das Gehirn ist auch nichts anderes als ein Teil unseres Körpers. Wie wir mit dem Körper insgesamt umgehen, beeinflusst maßgeblich unsere Stimmung und unseren Energiehaushalt.

Ausreichend Flüssigkeit und gesunde Nahrung mit genug Ballast, Vitalstoffen, Mineralien und Spurenelementen stärkt und belebt uns. Vitamin D und Eiweißbausteine sind nötig, damit wir uns wohlfühlen. Basen verhindern, dass der Körper übersäuert und wir möglicherweise auch emotional sauer werden.

Bewegung schließlich ist der Motor, der alles antreibt. Man schätzt, dass 40% aller Psychotherapeuten arbeitslos werden würden, wenn jeder Mensch sich 30 Minuten am Tag bewegt. Das ist das Minimum. Mehr, vielseitige und den Körper auf gute Weise fordernde Bewegung ist noch besser.

Wenn der Körper stark und vital ist, ist es viel leichter, dafür zu sorgen, dass wir auch innerlich über viel Energie verfügen.

DIE VIER GROSSEN ENERGIEFELDER

Menschen sind unterschiedlich und beziehen auch Energie aus verschiedenen Quellen. Der Motivkompass®, den mein Kollege und Trainer Dirk W. Eilert entwickelt hat, unterscheidet zwischen vier Grundmotiven oder Grundbedürfnissen, die Menschen motivieren.

Ordnung und Stabilität

Ordnungsliebende Menschen tanken auf, wenn es um sie klar und übersichtlich ist. Das spendet ihnen Sicherheit und dadurch Energie. Meist spürt man diese Energie nicht aktiv – man nimmt jedoch Stress wahr, wenn sie verloren geht.

Harmonie und Geborgenheit

Menschen, für welche diese Lebensaspekte besonders wichtig sind, blühen auf, wenn sie innige Nähe, Fürsorge, Freundschaft, Intimität und Wärme erleben. Das spendet ihnen eine ruhige, kraftvolle Energie der Geborgenheit.

Inspiration und Leichtigkeit

„Inspiration to go" ist einer der Slogans, den ich für meine Produkte entwickelt habe – ganz klar, dass dieses Feld, das auch Ästhetik, das Spielerische, aber auch Neugier und Entwicklung umfasst, in besonderer Weise mein Feld ist.

Durchsetzung und Einfluss

Wieder andere Menschen erleben besonders viel Energie, wenn sie sich und ihre Ideen durchsetzen können und Einfluss gewinnen. Beruflicher oder sportlicher Wettkampf ist für sie sehr motivierend, Leistung und Status auch.

Wer weiß, welche Motive oder Bedürfnisse für ihn oder sie besonders wichtig sind, kann aktiv dafür sorgen – und die Energie erleben, die das schenkt.

INSPIRATION FÜR DICH

NUR SO 'NE FRAGE
Wann hast du in der letzten Zeit einen richtigen Energieschub erlebt – körperlich oder seelisch? Was hat dazu beigetragen? Was hast du womöglich selbst dafür getan?

NUR SO 'NE IDEE
Probiere an unterschiedlichen Tagen Energiespender aus den verschiedenen Bereichen aus: Ordnung, Harmonie, Leichtigkeit, Durchsetzung. Beobachte, wie sich die Aktivitäten auf dich auswirken.

BUCHTIPP
Verena Steiner: Energiekompetenz. Produktiver denken, wirkungsvoller arbeiten, Pendo, 2005
Ein wissenschaftlich fundiertes, gut lesbares Buch über die verschiedenen Aspekte der körperlichen und mentalen Energie.

INTERNETTIPP
Humor schenkt Leichtigkeit, Harmonie. Er bestätigt unsere Werte und gibt dadurch Sicherheit. Und man fühlt sich stark, weil man nicht so dumm ist wie die Dummköpfe. Egal, ob Mr Bean, Dick und Doof, Friends oder Hirschhausen – gönne dir mal wieder eine gute Runde Lachen.
Einfach im Internet, z. B. auf *www.youtube.com,* danach suchen.

SPÜR, WAS SICH BEWEGT

Das Brandenburger Tor leuchtete hell hinter uns. Doch in mir war es eher dunkel. Ich war verwirrt. Gerade eben hatte ein guter Freund mir bei einem Abendspaziergang erzählt, dass er darunter leide, dass Menschen nicht emotional mit ihm in Resonanz gehen würden – ich auch nicht.

Wie bitte? Ich und nicht emotional? Ich bin doch extrovertiert, fröhlich, lebhaft! Und wenn Menschen mir von ihren Problemen erzählten, nahm ich Anteil und fühlte mit. Was in aller Welt fehlte ihm? Er war nicht rational genug, um es mir erklären zu können. Und so blieb ich ratlos zurück.

Die Antwort fand ich einige Wochen später. Ein anderer Freund schenkte mir Blumen. Ich dachte: „Das ist ja nett!" Auf einmal bemerkte ich: Ich denke ein Gefühl, ich spüre es nicht. Die innere Regung war für mich kaum wahrnehmbar.

In den nächsten Monaten und Jahren habe ich mich darin geübt, Stimmungen, Gefühle und Emotionen wahrzunehmen – bei mir und anderen. Mein Wunsch ist es, die ganze Bandbreite menschlicher Emotionen spüren und ausdrücken zu können.

Emotionen sind klasse! Wie schon der Wortteil Motion sagt, steckt in Emotion Bewegung. Zum einen wird – durch ein Geschehen, eine Erinnerung oder einen Gedanken – etwas innerlich bewegt.

Zum anderen wollen Emotionen uns zum Handeln bringen. Die Angst, wenn ein Auto auf uns zukommt, will uns motivieren, uns in Sicherheit zu bringen.

EMOTIONEN SPÜREN UND LEBEN LERNEN

Alle Emotionen dienen dem Leben. Alle. Es gibt keine guten und schlechten Emotionen. Die Emotionen, die wir im Volksmund als schlechte Gefühle bezeichnen, zeigen an: Da ist etwas schlecht. Tue etwas, um das zu verändern. Angenehme Gefühle zeigen: Da ist etwas lebensfördernd – tue mehr davon.

So lernen übrigens Kinder: Wenn sie etwas Neues entdecken, überschüttet sie ihr Gehirn mit Hormonen, die positive Gefühle auslösen: Freude, Stolz: „Ich kann das!" Das motiviert sie, sich weiter auf die Welt einzulassen.

Natürlich gibt es destruktive Formen, Emotionen zum Ausdruck zu bringen. Wer sich dauernd aufregt und wegen jeder Kleinigkeit in die Luft geht, ist nicht souverän, sondern destruktiv – mindestens gegen sich selbst.

Doch die Emotion selbst ist nichts anderes als ein Thermometer, das anzeigt, ob es uns gut oder schlecht geht. Kaum einer käme auf die Idee, das Thermometer wegzuwerfen, wenn es draußen Minusgrade anzeigt. Kluge Menschen reagieren auf die angezeigte Information und handeln entsprechend.

In Bezug auf unangenehme Emotionen handeln wir jedoch oft so wie jemand, der das Thermometer wegwirft: Wir wollen sie nicht fühlen und versuchen, sie zu verdrängen, statt die Ursache für das Auftreten der Emotion zu beseitigen.

Neulich habe ich mich absichtlich geärgert. Der Kaminofen meines Schiffes war kaputt. Der Kundendienst sagte mir, dass es schwer sei, die Ersatzteile zu besorgen – sechs Monate lang! Ich zeigte immer Verständnis. Es geschah nichts.

Dann entschied ich mich, meinen Ärger deutlich, aber freundlich zu zeigen. Siehe da: Die Ersatzteile wurden noch am gleichen Tag losgeschickt. Gut so.

INSPIRATION FÜR DICH

NUR SO 'NE FRAGE

Welche Emotionen zu spüren und zu zeigen, war in deiner Herkunftsfamilie erlaubt? Das Spüren und/oder Ausdrücken welcher Gefühle war verpönt? Was würde sich positiv verändern, wenn du auch die verbotenen Emotionen spüren und zum Ausdruck bringen könntest? Was brauchst du dazu?

NUR SO 'NE IDEE

Übe Gesichtsausdrücke. Suche dir z. B. im Internet Bilder von Emotionen und mache sie nach. Insbesondere von den „verbotenen" Emotionen. Achte besonders darauf, wie es dir selbst geht, wenn du diese Emotion zeigst. Das kann man auch gut mit Kindern machen.

BUCHTIPP

Kerstin Hack: Emotionen. Impulse, das eigene Herz zu entdecken, Down to Earth, 2007
Emotionen sind ein kostbarer Schatz, den man für sich heben kann. Ein Vater sagte mir, er hätte das Heft mit seinem kleinen Sohn durchgearbeitet, damit dieser schon früh eine Sprache für seine Gefühle findet.

FILMTIPP

Pete Docter: Alles steht Kopf, 2015
Ein wunderbarer Animationsfilm über die 11-jährige Riley und ihre wichtigsten Emotionen, die als Figuren dargestellt sind und so einen guten Einblick in die Welt der Emotionen geben.

FIT SEIN – WIE EIN KIND

Heute Morgen habe ich mich in meine Laufschuhe gezwängt. Sie sind fest, stabil, geben den Knöcheln Halt. Aber sie sind nicht fit. Eher starr, unflexibel und ziemlich passiv. Turnschuhe selbst sind kein bisschen fit. Füße hingegen sind klasse. Die können sich abfedern, springen und sich sogar um einen Ast oder eine Stange „wickeln". Sie können auf die Zehenspitzen gehen, um nachzusehen, lange gehen, Sprünge machen und, wenn Gefahr droht, schnell mit uns weglaufen.

Mich begeistern die vielfältigen Fähigkeiten meiner Füße so sehr, dass ich für mich mein Fitnessziel als „Fit wie ein Barfuß!" definiert habe. Derzeit bin ich eher noch unfit wie ein Schuh. Als Autorin, Verlegerin und Coach verbringe ich große Teile meiner Zeit im Sitzen, weil man Schreiben, Lesen und Coachen üblicherweise im Sitzen verrichtet.

Viel sitzen ist lebensgefährlich. Studien belegen: Wer sechs oder mehr Stunden pro Tag sitzt, gefährdet seine Gesundheit genauso wie jemand, der viel raucht. Selbst mehrere Stunden Sport pro Woche reduzieren die negativen Auswirkungen des Vielsitzens nur minimal. Sitzen ist – wie Buchtitel sagen – das neue Rauchen oder noch drastischer: Sitzen ist für den Arsch.

Wenn wir uns bewegen, dann oft zu einseitig – im Büro und selbst im Fitnessstudio oder beim Joggen sind die Bewegungen oft eher monoton. Man stärkt einzelne Muskeln – aber nicht die umfassende Bewegungsfähigkeit. Die braucht man aber, um sich sicher zu fühlen und im Notfall Herausforderungen zu meistern.

Ich will der Welt und den Menschen noch viele Jahre etwas geben können und gern fitte hundert werden. Dafür brauche ich einen Körper, der auch in 50 Jahren noch die Aufgaben des Lebens meistern kann – etwa die Brille vom Boden aufheben oder einen Menschen herzlich umarmen. Dafür brauche ich keine Muskeln wie Arnold Schwarzenegger in seinen guten Jahren. Aber welche, die beweglich und stark sind – fit wie ein Barfuß oder ein Kind.

NATÜRLICH IN BEWEGUNG KOMMEN

Es ist für mich Ausdruck meiner Liebe zu mir selbst und zu meinem Schöpfer, ein weites Spektrum dessen abzudecken, wozu mein Körper fähig ist: Rennen, Werfen, Tragen, Springen, Klettern, Kriechen, Ringen …

- **Sitzen variieren:** Der erste Schritt zu mehr Bewegung kann sein, die Sitzmöbel zu variieren: statt Stuhl auch Sitzball, Hocker usw. Oder etwas in der Hocke oder auf dem Boden sitzend zu tun. Und aktive Bewegungspausen einzubauen.

- **Alternativen zum Sitzen entdecken und einsetzen:** Früher las man Bücher, während man lustwandelnd durch die Landschaft ging. Ich lese auf dem Trampolin oder telefoniere auf dem Wackelbrett und stehe bei Tagungen oft am Rand und bewege mich leicht.

- **Bewegen wie ein Kind:** Bei einem Rastplatz beobachtete ich die Menschen. Die Erwachsenen stiegen aus, kauften Essen und setzten sich an einen Tisch. Die Kinder rannten zum Spielplatz, hüpften, kletterten und gingen die Rutsche „falsch" herum hoch. Ich auch. Man kann mit Kindern oder einfach für sich mal wieder „kindliche" Bewegungen machen.

- **Bewegungsvielfalt entwickeln:** MovNat (siehe *www.movnat.com*) erforscht und vermittelt Bewegungen von Kindern und Naturvölkern. Ich sehe mir deren Videos an und probiere gern neue Bewegungen aus – etwa an einem Tau mein Schiff hochzuklettern.

Es macht Spaß, mal wieder etwas zu tun, das man lange nicht getan hat, etwa am Bordstein balancieren oder auf allen vieren krabbeln.

Eine andere Möglichkeit, die Vielfalt auszuloten, ist, zu experimentieren: Wie kann ich anders gehen? Rückwärts, seitwärts, tiefer, mit schwingenden Armen. Auch mal etwas mit der „falschen" Hand zu machen. All das schenkt Freude.

INSPIRATION FÜR DICH

NUR SO 'NE FRAGE

Zu den Grundfähigkeiten des menschlichen Körpers, die er im Idealfall kraftvoll und mit Leichtigkeit ausführen kann, zählen: barfuß Laufen, Hocken, Balancieren, Rennen, Hüpfen, Werfen, Tragen, Springen, Klettern, Kriechen, Ringen.
- Welche davon fallen dir leicht?
- Womit tust du dich eher schwer?
- Welche Bewegungsfähigkeit, die womöglich etwas eingeschlafen ist, möchtest du wiederfinden?
- Was würde sich in deinem Leben verändern, wenn du diese Fähigkeit wieder stärkst?

NUR SO 'NE IDEE

Grabe alte und neue Bewegungsschätze aus:
- Erinnerung: Mache etwas, was du als Kind gern getan hast, aber schon lange nicht mehr gemacht hast.
- Erweiterung: Probiere – vorsichtig – aus, auf welch vielfältige Weise du ein Körperteil oder mehrere bewegen kannst. Erweitere schrittweise das Spektrum der Bewegungen, die du sicher und stark durchführen kannst.

VIDEOTIPP

Im Internet gibt es viel Inspiration darüber, wie man Beweglichkeit wiedererlangen kann. Ich mag besonders gern die Videos von *MovNat*, die natürliche und effiziente Bewegungsabläufe einüben.
www.movnat.com

WAS DU NICHT NUTZT, NÜTZT DIR NICHTS

UNGENUTZTE POTENZIALE

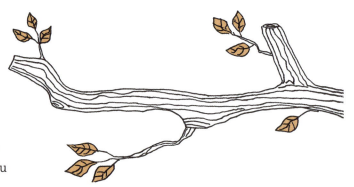

„Schau, so geht es!" – Die Trainerin, die ich engagiert hatte, um meine Körperhaltung am PC zu korrigieren, nutzte die verbleibende Zeit, um mir noch ein paar Outdoor-Bewegungen als Ausgleich für die Schreibtischarbeit zu zeigen. „So hangelst du dich an einem Ast entlang!" Wow!

Was bei ihr so mühelos und affenartig schwungvoll aussah, gelang mir nur mit der Eleganz eines Kartoffelsacks. Klar: Ich besitze Muskeln, die rein theoretisch für das Hangeln an Bäumen geeignet sind – rein praktisch hatte ich sie seit Jahren nicht mehr verwendet. Sie nutzten mir nichts.

Der Körper ist in gewisser Weise effizient. Muskeln oder auch Gehirnzellen, die nicht in aktiver Verwendung sind, werden gnadenlos abgebaut. Und stehen auch dann nicht zur Verfügung, wenn man sie nötig hätte. Vermutlich brauche ich die Baum-hangel-Muskeln nie, um mich wie ein Stuntman auf einem dünnen Ast über eine Kluft zu hangeln.

Doch fast jede Woche stehe ich in überfüllten U-Bahnen und Bussen und halte mich mit einem Arm oben fest, was ab und an zu Verspannungen führt. Es wäre schön, wenn die dafür nötigen Muskeln so kräftig wären, dass ich das locker und leicht tun kann.

Im Leben jedes Menschen gibt es Potenzial, das ungenutzt ist. Das können nicht verwendete Muskeln sein, Talente, Wissen, Besitz und Geld. In manchen Fällen ist es aufgenommene Nahrungsenergie, die in Form von Fett am Körper gespeichert ist.

Im besten Fall ist das Potenzial „nur" ungenutzt. Im schlimmsten Fall ist es Ballast, der herumliegt und das Leben beschwert, statt es zu stärken.

UNGENUTZTE POTENZIALE AUFSPÜREN

Es gehört zu meinen Zielen, die Potenziale, die das Leben mir anvertraut hat, bestmöglich zu entfalten. Ein Text aus der Bibel, der deutlich dazu auffordert, vorhandene Talente nicht zu vergraben, sondern aktiv zu nutzen, inspiriert mich sehr.

Ich bilde mich stets weiter, gönne mir Bücher, Seminare und Training, um meine geistigen, geistlichen und sogar körperlichen Fähigkeiten voller auszuschöpfen.

Es ist nicht leicht, aus der Vielzahl der Möglichkeiten und der Begrenztheit des Lebens das Passende zu wählen. Potenziale sinnvoll heben – einige Auswahlkriterien:

- **Unwahrscheinliches entsorgen**
  Der Türkisch-Sprachkurs, das Glasmalereimaterial, das spezielle Werkzeug … Man verfügt über viele Dinge und Ideen, die man mit großer Wahrscheinlichkeit nie gebrauchen wird. Hier ist es entlastend, sich im Kopf und/oder im realen Leben davon zu verabschieden.

- **Nützlichkeit abwägen**
  Hier kann man sich fragen, welche Erweiterung von Fähigkeiten einem im Leben mehr Nutzen bringen wird. Für mich ist beispielsweise Balance, die den ganzen Körper trainiert, nützlicher als neue Tanzschritte, und Kenntnisse im Marketing brauchbarer als Wissen über Kalligrafie.

- **Freude suchen**
  Neues erfolgreich zu lernen, überschüttet das Gehirn mit Glückshormonen. Es lohnt sich also immer. Aber natürlich ist es sinnvoll, die Erweiterung des Potenzials vor allem in Bereichen zu wählen, die viel Freude versprechen.

INSPIRATION FÜR DICH

NUR SO 'NE FRAGE
Wo würde das Heben von Potenzialen dein Leben bereichern? Welches Potenzial aktuell nicht zu nutzen, empfindest du als besonders große Belastung oder Verschwendung?

NUR SO 'NE IDEE
Entlaste dich von ungenutztem Potenzial, indem du dich davon trennst: Von ungenutzten Gegenständen oder Projekten, die du vermutlich nie angehen wirst.
Wähle ein Potenzial, das du entfalten willst, und entwickle ein überschaubares Projekt zur Umsetzung. Ein guter Zeitraum kann eine Woche oder ein Monat sein.

LESETIPP
Das Gleichnis von den anvertrauten Talenten
Das berühmte Gleichnis wird in der Bibel zweimal in verschiedenen Varianten erzählt: Matthäus 25, 14–30 und Lukas 19, 12–27. Traditionell werden die übertragenen Geldbeträge auch als Symbol für Talente gedeutet, die Gott den Menschen zum Gebrauch anvertraut hat.

FILMTIPP
Bill Paxtion: Das größte Spiel seines Lebens, 2005
Um seinen Vater nicht zu verärgern, lässt der begabte junge Golfer Francis Ouimet die Golfschläger liegen – bis zu dem Tag, an dem er vor der Wahl steht, als Amateur bei den US Open mitzupielen oder sein Talent weiter schlummern zu lassen.

MACH DIR
DAS GUTE LEICHT,
DAS SCHLECHTE
SCHWER

Wenn Gutes nicht klappt

„Das Gute, das ich will, das tue ich nicht; sondern das Böse, das ich nicht tun will, das tue ich!", stöhnte der berühmte Apostel Paulus schon vor fast 2000 Jahren. Hätte er einen Motivationstrainer gebraucht? Wohl kaum. Er war motiviert, wollte das Gute tun. Doch es klappte nicht immer.

So wie Paulus geht es vielen Menschen – mir auch. Man nimmt sich etwas vor, zum Beispiel freundlicher zu sein, mehr Sport zu machen oder weniger zu essen. Und scheitert. Die meisten Vorsätze für das neue Jahr überleben das Frühjahr nicht. Das liegt zum Teil an der Natur des Menschen, die auch Paulus beklagt. Aber nicht nur.

Vermutlich hatte der gute Paulus meinen schlauen Satz noch nicht gekannt. „Mache dir das Gute leicht, das Schlechte schwer." Ich mache das ständig. Ich sorge mit unzähligen kleinen und großen Tricks dafür, dass es mir relativ leichtfällt, das zu tun, was ich tun will.

Einige Favoriten:

- Gesunde Getränke wie Wasser und Kräutertee und Obst stehen griffbereit – die „schlechten" Getränke und Lebensmittel sind weiter weg.
- Sportliche Schlafanzüge, in denen ich direkt nach dem Aufwachen losjogge, ohne mich erst umziehen zu müssen, erleichtern es mir, eine Runde zu laufen.
- Der Kühlschrank bewusst im „Keller" des Schiffes „zwingt" mich zur Bewegung.
- Eine wöchentliche Bio-Gemüsekiste erleichtert es mir, mich gut zu ernähren.
- Ich habe To-dos im Kalender, die mich an das geplante Gute erinnern.

VON DER MOTIVATION ZUR UMSETZUNG

Wenn Menschen das Vorgenommene misslingt, klagen sie oft: „Ich bin nicht motiviert!" Das ist oft eine Fehlanalyse. Sie sind wie der gute Paulus – tatsächlich motiviert. Das Problem ist nicht die Motivation, sondern die fehlende Umsetzungsstrategie.

Die Motivation

Deshalb ist es gut, wenn man sich möglichst genau Gedanken macht: Was will ich tun? Was genau kann ich tun, damit es klappt? Als ich etwa davon las, dass es unserem Körper guttut, das ganze Bewegungsspektrum auszunutzen, z. B. indem wir auch mal größere Schritte machen, leuchtete mir das sofort ein. Ich war motiviert.

Die Umsetzung

Ich bin ein großer Fan davon, Dinge in den Alltag einzubauen. Mein Büro ist im Steuerhaus des Schiffes. Vier bequeme Stufen führten vom Zugang nach oben. Zwei davon habe ich einfach abgebaut, sodass ich jetzt jedes Mal zwei große Schritte machen muss, um das Büro zu erreichen. Das mache ich 20-mal pro Tag und es tut mir richtig gut.

Hier liegt der Schlüssel darin, genau zu überlegen, was zur Umsetzung gehört und wie man es sich leicht machen kann, z. B. indem man Dinge bereitlegt, Erinnerungen schreibt.

Die Fallen im Blick haben

Jeder Mensch hat Fallen, die ihn dazu verleiten könnten, Gutes nicht zu tun oder Schlechtes zu tun. Hier ist es hilfreich, zu überlegen: Was könnte mich abhalten, das umzusetzen? Und wie kann ich dem einen Riegel vorschieben? Etwa indem man nach dem Abendessen Zähne putzt, um die Versuchung, etwas zu naschen, zu reduzieren.

Oder sich eine Alternative überlegt, wenn das Wetter nicht zum Sport im Freien einlädt. Oder indem man anderen davon erzählt und so bewusst ein Stück soziale Kontrolle einbaut, die hilft, den guten Vorsatz umzusetzen.

INSPIRATION FÜR DICH

NUR SO 'NE FRAGE
Welche deiner guten Vorsätze hast du erfolgreich umgesetzt? Wie ist dir das gelungen? Was genau hast du getan? Wie hast du es dir möglicherweise intuitiv leicht gemacht?

NUR SO 'NE IDEE
Wähle eine Sache aus, für die du motiviert bist, die du aber bisher noch nicht umgesetzt hast. Überlege dann konkret, welche Schritte nötig sind und wie du es dir leicht machen kannst. Durchdenke auch mögliche Stolperfallen und entwickle Strategien, wie du sie umgehen kannst.

BUCHTIPP
Kerstin Hack: Bewegung. Impulse, im Alltag fit zu bleiben, Down to Earth, 2008
Hier habe ich einige Ideen gesammelt, wie du im Alltag deinen Körper von oben bis unten stärken kannst.

FILMTIPP
Amma Asante: A United Kingdom, 2017
Ende der 40er-Jahre verliebt sich der Kronprinz des Landes Botswana, Seretse, in die Engländerin Ruth. Alle politischen und gesellschaftlichen Kräfte stellen sich gegen diese Verbindung. Mit Mut und Realitätssinn finden sie ihren Weg.

BEZIEHUNG & NÄHE

DIE STECKNADEL IM HEUHAUFEN FINDET MAN LEICHTER MIT EINEM MAGNETEN

WER SUCHT, DER FINDET

Es war klar. So ging es nicht weiter. Der Webmaster, mit dem ich über Jahre gut zusammengearbeitet hatte, hatte nicht mehr genug freie Kapazitäten, um alle meine Projekte angemessen zu betreuen – von Weiterentwicklung ganz zu schweigen. Es war klar, ich brauchte eine Alternative.

Ich machte mir Gedanken über das, was ich brauchte: Neben dem technischen Wissen auch die Fähigkeit, kreativ zu denken und klar zu kommunizieren. Und er sollte zu meinem finanziellen Rahmen passen. Ich erzählte mehreren Menschen davon, bis eine sagte: Ich hab den richtigen Mann. Volltreffer.

Sie hatte recht. Arne, der neue ITler, ist ein Traum. Ein klares Profil dessen, was man braucht, ist in der Geschäftswelt bei der Suche nach geeigneten Kandidaten eine Selbstverständlichkeit. Keine Geschäftsfrau käme auf die Idee, zu sagen: Ich suche halt einen Mitarbeiter. Man definiert, was zu einem passt.

Bei der Partnersuche hingegen machen sich die wenigsten Menschen Gedanken darüber, was sie eigentlich suchen oder wollen. Sie definieren es weder für sich noch für andere, die ihnen möglicherweise bei der Suche helfen könnten.

Es ist paradox, aber wer klar definiert, was er will, und gezielt sucht, scheint größere Chancen auf Erfolg zu haben als derjenige, der nur irgendwie herumprobiert. Die eigene Klarheit scheint der Magnet zu sein, der es erleichtert, die Nadel im Heuhaufen zu finden.

DEFINIEREN UND KOMMUNIZIEREN

Eine, die das ziemlich extrem betrieben und in einem TED-Talk humorvoll beschreibt, war Amy Webb. Sie war auf der Suche nach „Mr Right" und nutzte wie viele das Internet. Und geriet an Katastrophenkandidaten, die sie belogen und betrogen. Statt aufzugeben, suchte sie nach Wegen, es besser zu machen.

Zuerst machte sie sich Gedanken über sich selbst. Was machte sie aus, welche Art Mann würde zu ihr passen? Ihre Liste der Kriterien reichte von Gewicht – er sollte immer mehr wiegen als sie – über gesellschaftliche Prägungen bis zu Vorlieben. Sie unterschied zwischen festen Erwartungen und netten Extras.

Kommunizieren – aus Sicht des anderen

Dann drehte sie den Spieß um und überlegte: Was genau suchen Männer, die so sind? Sie nutzte ihre Programmierkenntnisse, um Onlineprofile zu analysieren. Als sie das wusste, betonte sie diejenigen Eigenschaften, die sie davon besaß, in ihrem Profil, wurde von Anfragen überschüttet und fand Mr Right.

Das mag erst mal wie ein Märchen klingen, aber es ist meine Erfahrung, dass derjenige, der sich selbst kennt und weiß, was er will und braucht, schneller fündig wird als der, der wahllos sucht.

Es ist wie beim Kleiderkaufen: Wenn man mit klarem Ziel losgeht – etwa einen grünen pflegeleichten Pulli zu finden, kann es sein, dass man nichts Geeignetes findet. Aber man kommt zumindest nicht mit Fehlkäufen nach Hause.

Arne ist übrigens auch fündig geworden. Er hatte eine langfristige Aufgabe gesucht, die ihm ermöglichte, seine Fähigkeiten in IT und Marketing einzusetzen und weiterzuentwickeln. Die hat er jetzt gefunden. Auch ein Traum.

INSPIRATION FÜR DICH

NUR SO 'NE FRAGE

Welche wohltuenden Lebensrhythmen und festen Aktivitäten und Termine hast du bereits in dein Leben integriert?

NUR SO 'NE IDEE

Überlege, welche Beziehung dir fehlt – z. B. ein Freund zum Sport, eine Freundin zum Beten, ein Kulturfreund usw. Überlege dir genau, wie du bist und was dir entspricht. Dann überlege, was Menschen, zu denen du passen könntest, wohl suchen und wo und wie du dich als Partner anbieten könntest.

BUCHTIPP

Kerstin Hack: Partner finden. Entdecken, wer zu mir passt, Down to Earth, 2013
Wer nicht weiß, was er sucht, kann auch nicht wissen, wann er es gefunden hat. In diesem Quadro erläutere ich, wie man zuerst definiert, wer man ist und was man zu geben hat. Und wie man dann sucht und hoffentlich findet, was man braucht. Das Quadro ist auch für bestehende Partnerschaften klärend.

FILMTIPP

Amy Webb: How I hacked Online Dating (bei TED.com)
Das ist der auf Seite 159 erwähnte TED-Talk, in dem Amy von ihren Erfahrungen und Strategien erzählt. Das Video ist auf Englisch, aber man kann sich deutsche Untertitel einblenden lassen.

WER HINSIEHT, SIEHT MEHR

„Du siehst aber auch alles!" Der Mann, den ich gerade coachte, war ziemlich überrascht. Was war geschehen? Ich hatte ihn nach dem nächsten Termin gefragt. Plötzlich zogen sich seine Mundwinkel tief nach unten. Für einen Menschen mit offenen Augen war offensichtlich, dass ihn etwas bewegte.

Kein Mensch kann Gedanken lesen. Ich wusste nicht, was er dachte. Doch an seiner Mimik konnte ich erkennen, dass etwas in ihm vorging. Deshalb fragte ich nach. Sein Gesichtsausdruck hatte nichts mit meiner Frage zu tun. Er war in Gedanken kurz abgeschweift und hatte an etwas für ihn Belastendes gedacht.

Emotionen spiegeln sich in der Mimik und Gestik wieder. Auf der ganzen Welt zeigen Menschen die gleichen Gesichtsbewegungen, wenn sie sich freuen, traurig oder gerührt sind oder sich ärgern. Und die gleichen Gesten, wenn sie auf etwas stolz sind oder sich ekeln.

Emotionen sind blitzschnell. Gerade eben sind zwei dicke Spinnen außen an meinem Fenster vorbeigekrabbelt und ich habe – noch bevor ich überhaupt denken konnte – die Lippen nach oben gezogen und die Nase gerümpft und damit verschlossen. Ekel! Das ist übrigens ein Schutzmechanismus des Körpers, der vor Verunreinigung schützt.

Emotionen spiegeln sich. Wenn wir die Emotionen eines anderen Menschen sehen, werden in unserem eigenen Gehirn die gleichen Emotionen und – in etwas geringerem Maße – die gleiche Mimik aktiviert.

Deswegen gähnt man oft mit, wenn jemand gähnt. Und vielleicht hast du oben beim Lesen auch kurz die Nase gekräuselt, obwohl bei dir weit und breit keine Spinne ist.

SEHEN LERNEN

Gesehen werden ist überlebensnotwendig. Ein Baby kann sich nicht selbst helfen – es braucht andere, die es sehen und hören, um zu überleben. Deshalb reagieren Kinder schon früh auf Augen oder Ähnliches – das Baby einer Freundin etwa schenkte dem gepunkteten Vorhang mehr Lächeln als ihr. Pech.

Doch auch erwachsene Menschen sind hungrig danach, gesehen zu werden. Wenn ein anderer Mensch sieht, dass wir traurig, glücklich, ärgerlich oder stolz sind und innerlich mit uns mitgeht, schenkt uns das Verbundenheit und Nähe.

Das fängt mit dem Hinsehen an. Ich versuche, mir gerade anzugewöhnen, immer dann, wenn ein Mensch den Raum betritt, einen Moment lang von dem aufzusehen, was ich gerade tue. Und ins Gesicht des anderen zu sehen.

Noch beziehungsstärkender – egal, ob in Partnerschaft oder Beruf – ist es, wenn man den Ausdruck von Emotionen wahrnimmt und das dem anderen nonverbal oder verbal mitteilt: „Deine Mundwinkel zucken. Ich hab den Eindruck, dass du ziemlich traurig bist!" Oder: „Du strahlst ja übers ganze Gesicht!"

Wer Freude, Ärger, Trauer, Stolz usw. im Gesicht anderer erkennen und ihnen das mitteilen kann, hat gute Chancen auf gelingende Beziehungen. Der Psychologe John Gottmann kann allein daran, wie gut Paare das beherrschen, mit 85% Wahrscheinlichkeit prognostizieren, ob die Ehe Bestand haben wird.

Das Gute ist, dass man das Hinsehen lernen kann. Man öffnet die Augen, sieht den anderen achtsam – aber natürlich nicht starrend – an und schwingt innerlich mit. Jeder Blick ist ein Geschenk.

INSPIRATION FÜR DICH

NUR SO 'NE FRAGE

Bei welchen Menschen hast du das Empfinden: Er oder sie sieht mich wirklich? Was unterscheidet sie von anderen? Was kannst du von ihnen lernen?

NUR SO 'NE IDEE

Versuche mal, bei einem Gespräch mit deiner Aufmerksamkeit ganz beim Gesprächspartner zu sein, ihn zu sehen – und wo es angemessen ist, auch zu sagen, was du wahrnimmst.

BUCHTIPP

Dirk W. Eilert: 30 Minuten Mimik lesen, Gabal, 2015

Eine kurze Einführung in die Kunst, mimische Signale beim anderen zu erkennen und entsprechend zu reagieren.

FILMTIPP

Barbra Streisand: Yentl, 1983

In diesem Film geht es um die junge Jüdin Yentl, die sich als Mann verkleidet, um studieren zu können. Keiner sieht, wer sie wirklich ist, weil zumindest anfänglich alle nur sehen, was sie sehen wollen.

VORBILDER PRÄGEN

„Du hast mir Mut gemacht! Ich dachte: Wenn Kerstin ein Schiff bauen kann, dann kann ich doch auch meinen Traum verwirklichen!" So etwas in der Art höre ich häufig. Dabei hat „Vorbild werden" es noch nicht einmal in die Liste meiner guten Vorsätze geschafft.

Doch so ganz nebenbei nur durch mein Leben bin ich zu einem Vor-Bild geworden, dem andere ihr eigenes Leben zumindest in Teilen nachbilden. Einer griff die Idee auf, den ersten Tag des Monats zur Reflexion und Planung zu nehmen. Ein anderer gestaltet seine Zeit nach dem *Swing*-Konzept. Manche, die mit mir am Schiff gearbeitet haben, übernahmen meinen ressourcenschonenden Umgang mit Materialien.

Auch innere Haltungen, wie die Zuversicht, dass es schon irgendwo einen Weg geben wird, oder die Fähigkeit, über Fehler zu lachen, hat offensichtlich auf andere abgefärbt, wenn ich ihren Worten glauben kann. Wieder andere entdeckten erstaunt, dass man – wenn Unerwartetes passiert – kreativ improvisieren kann.

Die Prägung geschieht dadurch, dass Menschen etwas sehen, hören oder lesen und ihr Gehirn dadurch den Impuls bekommt: Das könnte ich auch machen. Einer lächelt, wir lächeln automatisch zurück. Sieht man etwas oft genug, entsteht ein neues Verhalten. Das hat mit den Spiegelneuronen zu tun, Nervenzellen, die das Verhalten anderer sehen und uns automatisch zu gleichem Verhalten aktivieren.

Eltern kennen dieses Phänomen und stöhnen: „Egal, was ich meinem Kind sage, es macht ja doch nur nach, was ich tue!" Wenn ein Bild mehr als tausend Worte sagt, kann man gar nicht so viel reden, wie man durch sein Vorbild zeigen kann.

SEI SO, WIE DU ES DIR VON ANDEREN WÜNSCHST

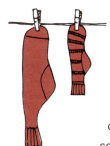 Aus der Erkenntnis, dass ein Vorbild stärker prägt als viele Worte, leiten sich ein paar praktische Erkenntnisse fürs Leben ab.

Schau dich ehrlich an

Auch wenn es vielleicht hart ist: Sei ehrlich zu dir und frage dich: Wo predigst du den Menschen in deinem beruflichen oder privaten Umfeld etwas, was du selbst nicht praktizierst? Überlege, ob du dein Reden oder Handeln ändern willst.

Praktiziere gewünschtes Verhalten bewusst

Wähle eine oder zwei Verhaltensweisen aus, die du in deinem Umfeld öfter sehen möchtest – z. B. den Arbeitsplatz ordentlich hinterlassen oder Menschen ausreden lassen. Und übe dich selbst darin.

Nutze dich selbst als Vorbild

Dem Gehirn ist es egal, ob es etwas in echt sieht oder es sich nur vorstellt. Von daher kannst du dir bildhaft vorstellen, der beste Teil von dir würde sich genau so verhalten, wie du es möchtest. Spiele diesen inneren Film so oft ab, bis er dein Verhalten prägt.

Wähle, mit wem du Zeit verbringst.

Ob du es willst oder nicht: Deine Freunde und ihr Verhalten im Umgang mit sich selbst und anderen wird dich prägen. Menschen mit stark übergewichtigen Freunden werden leichter selbst dick als Menschen mit schlanken Bekannten.

Egal, ob sozialer Ton, Essverhalten oder Umgang mit Finanzen: Du kannst dir überlegen, wie du sein und dich verhalten willst – und dann die Menschen, von denen du dich prägen lassen willst, im Rahmen deiner Möglichkeiten entsprechend wählen. Und vielleicht wählt auch der eine oder andere Mensch dich – bewusst oder unbewusst – zum Vorbild.

INSPIRATION FÜR DICH

NUR SO 'NE FRAGE

Denke an die Menschen in deinem Umfeld – wer hat dich durch sein Verhalten stark positiv geprägt (oder auch negativ)? Wie ist diese Prägung geschehen?

NUR SO 'NE IDEE

Probiere das mal aus, dir selbst Vorbild zu sein. Wähle ein positives Verhalten, das du öfter praktizieren möchtest, und stelle dir vor, wie du es tust. Und mache es dir dann nach.

BUCHTIPP

Die Weltveränderer-Serie, Down to Earth
Erfinder, Freiheitskämpfer, Visionäre, Mediziner, Unternehmer – die Weltveränderer-Serie stellt in kompakten Hosentaschen-Biografien prägnant Menschen vor, die etwas in der Welt zum Guten verändert haben, und verrät ihr Erfolgsgeheimnis.

FILMTIPP

Clint Eastwood: Invictus – Unbezwungen, 2009
In einer Nation, die kurz vor einer Explosion von Rache und Gewalt steht, zeigt ein Mann, Nelson Mandela, durch sein Vorbild den Weg der Versöhnung auf.

GEFÜHLE UND GEDANKEN

In mir kochte es: In einer Ausbildungsgruppe hatte ich ein sehr persönliches Thema genannt und um Unterstützung dabei gebeten. Doch statt auf mein Anliegen einzugehen, hatte ein Kollege seine eigene Nummer gefahren. Statt mir beim Verstehen zu helfen, prasselten Ratschläge auf mich herab.

Frustriert und enttäuscht beschwerte ich mich bei einem der Ausbilder. Er fragte, was ich denn gerade fühle. Ich brauchte nicht lange zu denken. Aus mir platzte es heraus: „Ich fühle mich von ihm überhaupt nicht ernst genommen."

Seine warmherzige, aber nüchterne Antwort war: „Das ist kein Gefühl." Ich versuchte es noch mal: „Ich fühle mich nicht wertgeschätzt!" Auch das ließ er nicht als Gefühl durchgehen.

Auf meine Bitte hin begann er zu erklären: „Du denkst, er nimmt dich nicht ernst. Das ist ein Gedanke. Wenn du denkst, jemand nimmt dich nicht ernst, was fühlst du dann?" Ich weiß nicht, was ich ihm damals geantwortet habe, heute würde ich aber sagen: „Ich fühle mich traurig, ärgerlich und einsam."

Er erklärte mir dann, dass die Unterscheidung zwischen echten Gefühlen und Pseudogefühlen, also Gedanken, die sich als Gefühle tarnen und unter denen die wahren Gefühle liegen, aus der von Marshall Rosenberg entwickelten Gewaltfreien Kommunikation stammt.

Meine Neugier war geweckt. In den folgenden Jahren machte ich mich auf den Weg, um durch mehrere Trainings und Ausbildungen zu lernen, wie man echte Gefühle erkennt und darüber kommuniziert.

ECHTE GEFÜHLE

Ein Pseudogefühl erkennt man oft daran, dass entweder im Satz oder in den Gedanken ein Täter vorhanden ist – etwa: „Ich fühle mich von ihm nicht wertgeschätzt!" oder „Ich fühle mich von ihm missachtet!" Man ist in Gedanken bei dem, was der andere einem angetan hat und noch nicht beim echten Gefühl.

Das Problem für einen selbst liegt darin, dass die Formulierung in Form eines Pseudogefühls einen oft in der Situation stecken bleiben lässt. In der Situation mit der missglückten Übung hatte die Kommunikation mit einem anderen Menschen nicht geklappt – das war traurig. Ganz klar: Ich brauchte Trost.

Im zwischenmenschlichen Bereich versperren Pseudogefühle oft den Weg zum anderen. Man meint, über Gefühle zu reden, wenn man beispielsweise sagt: „Ich fühle mich von dir im Stich gelassen!" Der andere empfindet das als Bewertung – und wehrt sich oft. Es entsteht keine Nähe.

Ein echtes Gefühl ist in einem selbst verankert: „Ich bin traurig." Meist führt es zu Nähe, wenn wir wahre Gefühle spüren. Nähe zu uns selbst: „Ja, es schmerzt!" Aber dann auch zu dem oder den Menschen, denen wir davon erzählen.

Als ich den Teilnehmern der Gruppe – übrigens alles Männer – offen meine Gefühle zeigte, reagierten sie mitfühlend. Sie boten mir an, das Gespräch noch einmal zu wiederholen – aber diesmal mit Fokus auf meinen Wunsch.

Das Gespräch brachte mich inhaltlich weiter. Ich weiß bis heute, was ich in dieser einen Stunde über mich herausfand. Aber noch mehr habe ich in Erinnerung behalten, wie tief geborgen und zufrieden ich mich durch die Aufmerksamkeit der anderen fühlte. Das war ein richtig gutes Gefühl.

INSPIRATION FÜR DICH

NUR SO 'NE FRAGE

Wenn du jetzt an Gespräche zurückdenkst – fallen dir Situationen ein, wo du oder andere Menschen Pseudogefühle als Gefühle ausgaben, statt von echten Gefühlen zu sprechen? Wie hat sich das auf die Nähe zueinander ausgewirkt?

NUR SO 'NE IDEE

Achte in den nächsten Tagen einmal darauf, ob du oder andere im Gespräch über echte Gefühle sprechen. Wenn du bei dir selbst ahnst, dass Pseudogefühle im Spiel sind, dann entdecke die echten Gefühle darunter.

Du kannst das zum Beispiel tun, indem du dich fragst: Wenn ich denke, dass Person X mich ausnutzt/verachtet/kleinmacht – wie fühle ich mich dann?

BUCHTIPP

Kerstin Hack: Gewaltfreie Kommunikation. Einander von Herzen verstehen, Down to Earth, 2014
Das oben geschilderte Erlebnis hat mich zum Erlernen der Gewaltfreien Kommunikation geführt. Dieses Quadro bietet einen guten Einstieg.

INTERNETTIPP

Wenn du das Stichwort „Pseudogefühle" als Suchbegriff eingibst, findest du viele Seiten, die Listen anbieten, die dir helfen, zwischen echten Gefühlen und Pseudogefühlen unterscheiden zu lernen.
lichtkreis.at/wissenswelten/gfk-sprache-des-lebens/gfk-listen-wortübungen

GELASSEN BLEIBEN

Karfreitag 2015. Mir ging es schlecht. Sehr schlecht. Einer meiner besten Freunde lag nach einem schweren Schlaganfall im Sterben. Die Ärzte hatten jede Hoffnung aufgegeben – drei Tage später kam die große Osterüberraschung.

Aber Karfreitag wusste ich das noch nicht. Eine Freundin hatte mir eine gute Karte für die Johannespassion geschenkt. Ich freute mich auf Entspannung. Was ich hörte, war ein einziger Genuss. Was ich sah, nervte mich.

Etwas am Gebaren des Solisten störte mich. Manchmal ging er bewegt in die Knie und seine Gestik und Mimik waren ziemlich intensiv. Ich regte mich über das auf, was ich als theatralisch empfand.

Ich brauchte eine Weile und einige Gebete, bis ich erkennen und spüren konnte: Er ist ein wunderschöner, einzigartiger, von Gott geliebter Mensch.

Es dauerte noch eine ganze Weile länger, bis ich schließlich innerlich zur Ruhe fand und die Musik auch mit offenen Augen genießen konnte. Am Ende des Tages beschrieb ich das berührende Erlebnis in meinem Blog.

Die große Überraschung kam, als Kristina kommentierte: „Ich durfte gestern bei der Generalprobe zusehen, mit welcher Leidenschaft der Evangelist singt [...]. Ich habe mich so gefreut, denn mir wurde klar, welche Hingabe [...] ich sehen und hören darf. Ich fühle mich beschenkt!"

Wie verschieden können Reaktionen sein! Ein Mann tut ein und dasselbe: Die eine erlebt es als nervtötend und die andere als Geschenk!

DER ANDERE HANDELT FÜR SICH

Der Gesangsstil des Sängers hatte nichts, aber auch gar nichts mit mir zu tun. Doch wie die meisten Menschen neige auch ich gelegentlich dazu, das Handeln anderer auf mich zu beziehen. Ich übe mich darin, gelassener zu bleiben: Was der andere tut, tut er für sich, nicht gegen mich!

Der Sänger hat sich vermutlich nicht am Morgen überlegt: „Wie kann ich Kerstin nerven und Kristina beglücken?" Er hat einfach nur gesungen – so wie es ihm entspricht. Das meiste, was Menschen tun, tun sie, um sich selbst ein Bedürfnis zu erfüllen.

Sie denken dabei in der Regel nicht an die Auswirkungen ihres Handelns auf andere Menschen – weder im Positiven noch im Negativen.

Selbst dann, wenn das Handeln eines anderen Menschen uns trifft – etwa sein Ärger oder sein Vordrängeln in der Schlange – tut er es in der Regel nicht bewusst gegen uns. Er handelt für sich. Möglicherweise will er sich Luft schaffen oder ein dringendes Bedürfnis erfüllen.

Man muss das nicht gutheißen. Doch es entlastet ungemein, Handlungen des anderen nicht als gegen sich gerichtet zu empfinden und zu werten. Sondern einfach nur als etwas zu sehen, was er oder sie gerade für sich tut.

Mir half es, mich innerlich in die Schuhe des Sängers zu stellen. Ich dachte: Vermutlich geht es manchen Menschen mit mir ähnlich. Ich gestikuliere bei Vorträgen oft intensiv, das kann für Zuhörer zu intensiv sein.

Kristina antwortete ich: „Wie wir Dinge erleben und bewerten, hat ganz viel mit unseren eigenen Bedürfnissen zu tun. Ich hatte […] das Bedürfnis nach Ruhe. Da war mir die intensive Gestik des Evangelisten einfach zu viel. Dir ging es vermutlich anders – für dich war es bereichernd, anregend, ermutigend, ihn so leidenschaftlich predigen zu sehen …"

INSPIRATION FÜR DICH

NUR SO 'NE FRAGE

In welchen Situationen neigst du besonders dazu, das Verhalten anderer Menschen auf dich zu beziehen – z. B. im Straßenverkehr, in der Familie, in der Partnerschaft? Welche Gedanken und Haltungen könnten dir helfen, gelassener zu bleiben?

NUR SO 'NE IDEE

Das nächste Mal, wenn dich das Handeln eines anderen Menschen irritiert oder stört, dann versuche, zu entdecken, was er möglicherweise gerade für sich selbst erreichen will. Du brauchst das nicht gut zu finden. Doch Verstehen entlastet manchmal schon sehr.

Du kannst dich fragen: Welches Bedürfnis versucht der Mensch sich womöglich mit seinem Handeln zu erfüllen? Was braucht er vielleicht?

BUCHTIPP

Kerstin Hack: Schwierige Menschen. Impulse, besser miteinander auszukommen, Down to Earth, 2012
Manchmal haben wir es miteinander nicht leicht, weil wir uns selbst schwertun oder es uns schwer machen. Hier werden erprobte Strategien vorgestellt, entspannter miteinander auszukommen.

INTERNETTIPP

Die ausführliche Beschreibung dessen, was während der Johannespassion in meinem Herzen passierte und wie es mit meinem todkranken Freund weiterging, findest du auf meinem Blog:
kerstinpur.de/allgemein/johannespassion-oder-wenn-jesus-unerwartet-redet
kerstinpur.de/glaube/das-zweitbeste-ostern-aller-zeiten-er-ist-wieder-da

BÖSE MIENE ZUM BÖSEN SPIEL MACHEN, SCHÜTZT DAS GUTE

DAS GESICHT ZEIGT DIE SEELE

„Wenn du versuchst, Ärger-Mimik zu zeigen, sieht man nur Trauer!" Es war tatsächlich so. Es gelang mir nicht, die Augenbrauen in der Stirnmitte zusammenzuziehen, um den mimischen Ausdruck für Ärger in mein Gesicht zu bringen. Bei den (männlichen) Kollegen sah das ganz anders aus. Das war ein Problem. Nicht so sehr wegen der Mimik, sondern wegen des Lebens.

Jede Emotion dient dem Leben. Ärger dient dazu, Hindernisse aus dem Weg zu räumen. Ich habe mich beispielsweise 2015 geärgert, wie schlecht in unserer Stadt die Unterbringung von Flüchtlingen organisiert war. Das – kombiniert mit Mitgefühl – hat mich bewogen, dort Zeit und Kraft zu investieren. Wer sich nicht ärgern kann, wird weniger Energie haben, gegen etwas Schlechtes anzukämpfen.

Natürlich kann Ärger grenzenlos und verachtend werden und destruktiv. Doch Ärger wird in der Erziehung oft als etwas grundsätzlich Schlechtes dargestellt. Nicht das Böse wird als negativ bewertet, sondern Ärger zu zeigen, gilt als böse. Es wäre besser, Kindern beizubringen, dass Ärger erst mal nur ein Gefühl ist, das auftaucht, wenn etwas nicht geht.

Kein Mann käme auf die Idee, gelassen zu bleiben, wenn der Lieblingsverein schlecht spielt. Wenn der Ball an der Latte abprallt, kommt Ärger auf. So soll das nicht sein! Gerade Frauen haben von klein auf beigebracht bekommen, immer lieb zu sein und keinen Ärger zu zeigen.

Ich kenne Frauen, die sexuelle Misshandlung erlebt haben, die nur Schmerz, aber keinen Ärger über das spüren, was ihnen angetan wurde. Sie spüren Trauer, Schmerz und vielleicht auch Angst. Ärger über das Verhalten des Übeltäters wäre angemessen und würde ihnen Kraft geben, sich im Nachhinein abzugrenzen. Ärger ist gesund.

Sich richtig ärgern lernen

Es ist mein Ziel, in den nächsten Monaten zu lernen, mich mehr zu ärgern. Schon aus wirtschaftlichen Gründen. Ich habe in den letzten Jahren, z. B. bei Fehlern von Partnern, immer verständnisvoll reagiert: „Oh, das hat länger gedauert, als du veranschlagt hast – das verstehe ich."

Das hat oft dazu geführt, dass die anderen nicht für ihre Fehler einstehen mussten, sondern ich – auch im wörtlichen Sinn – die Rechnung bezahlt habe. Künftig will ich Unzufriedenheit klar ausdrücken. „Es ist nicht o.k., wenn du 20 Stunden Arbeitszeit veranschlagst und dann Geld für 40 Stunden willst."

Fokussierter Ärger

Es gibt Grenzen für Ärger. Es ist kaum hilfreich, defekte Gegenstände zu beschimpfen. Das ändert nichts. Es lohnt sich auch nicht, sich über globale Situationen aufzuregen, zumindest dann nicht, wenn man nicht vorhat, etwas zu ändern. Wer bei jeder Kleinigkeit explodiert, wirkt nicht souverän, sondern unbeherrscht.

Für gesunde Beziehungen ist es hilfreich, wenn man Ärger über falsches Handeln zeigen kann. Der Fokus muss auf dem Handeln sein. Einen Menschen als Person zu verachten, entspricht nicht meinen Werten. Wer weiß und spürt, was er nicht will, kann mit dem anderen in den Dialog treten und gute, angemessene Bitten und Forderungen äußern: „Ich ärgere mich über die Gegenstände, die in der Wohnung herumliegen. Bitte räume auf!" Ärger kann helfen, gesunde Grenzen zu ziehen und deren Einhaltung durchzusetzen.

Ich will das tatsächlich lernen, kleine Signale von Ärger in meinem Körper als Hinweis darauf wahrzunehmen: „Das finde ich nicht gut!" Und dann auch gegenüber anderen zum Ausdruck zu bringen.

Gestern Abend hat Dortmund gegen Wolfsburg 6:1 gewonnen. Vielleicht werde ich mir einen Fußballverein auswählen und Spiele ansehen und mich richtig aufregen, wenn der Ball an die Latte geht. Einfach nur, um zu üben, mich zu ärgern. Denn wie bei jedem Spiel lernt man fürs Leben.

INSPIRATION FÜR DICH

NUR SO 'NE FRAGE

Welche Emotionen spürst du häufig? Welche eher selten? Welche Emotionen zu spüren oder zu zeigen, war in deiner Familie oder ist in deinem Umfeld verboten oder tabu? Wie erlebst du deinen Umgang mit diesen Emotionen jetzt? Was fehlt dir (möglicherweise)?

NUR SO 'NE IDEE

Konzentriere dich mal einen oder mehrere Tage auf eine Emotion, die du eher selten spürst und/oder zeigst. Versuche, auch leichte Nuancen davon wahrzunehmen und zu empfinden, wo es angemessen ist, diese Emotion zu zeigen.

BUCHTIPP

Dirk W. Eilert: Mimikresonanz, Junfermann, 2013
Fundiertes Einführungsbuch für alle, die mehr darüber lernen wollen, wie sich Emotionen im Gesicht zeigen und wie man gut auf die mimischen Signale des Gegenübers reagieren kann. Ein kürzeres Quadro zu der Thematik ist für 2018 bei Down to Earth geplant.

INTERNETTIPP

Unter *www.mimikresonanz.de* gibt es gute Einführungen und unter *www.gesichterleser.de* findet man spannende Vorträge von Dirk W. Eilert, der die Mimik von berühmten Menschen – vorzugsweise Politikern – analysiert und zeigt, welche Emotionen sich in ihren Gesichtern spiegeln.

REFLEXION & AUSRICHTUNG

HÖR DIR SELBST GUT ZU, ES KÖNNTE SPANNEND WERDEN

GUT REFLEKTIERT

Das Ziel war klar: Ich wollte in einer Umgebung leben, die Klarheit, Ordnung und Leichtigkeit ausstrahlt. Doch sosehr ich mich auch bemühte – das Gefühl, dass das Schiff zu voll war, blieb. Bis zu dem Tag, an dem ich mir selbst zuhörte.

Als ich auf mein Innerstes hörte, konnte ich zwei Stimmen erkennen. Da war zum einen die Sehnsucht nach Leichtigkeit und Entlastung. Und zum anderen die Stimme der Pflicht und Verantwortung: Man wirft Dinge nicht weg, die jemand noch gebrauchen könnte. Kein Wunder, dass ich nicht vorwärtskam.

Da ich einige psychologische Modelle im Kopf habe, auch die Transaktionsanalyse nach Eric Berne, wurde mir schnell klar, wer da redet. Zum einen war da das Kind-Ich mit seiner Sehnsucht nach Leichtigkeit. Zum anderen waren die Stimmen der Eltern, die zur Verantwortung riefen.

Diese beiden Stimmen spielten jahrelang in meinem Kopf Pingpong und ich kam nicht vorwärts. Bis ich hinhörte. Wer weiß, was los ist, kann handeln. Zum Glück gibt es neben den verinnerlichten Stimmen von Autoritätspersonen, dem Eltern-Ich und dem Kind noch den inneren reifen Erwachsenen.

Im Idealfall hört der sich an, was die beiden sagen, und entscheidet dann. In meinem Fall habe ich bewusst entschieden, drei Monate lang den Wert der Ökologie hintanzustellen und intensiv für Leichtigkeit zu sorgen.

REFLEXIONSTECHNIKEN

Es gibt eine Reihe von Tools, die das Reflektieren erleichtern. Die – sehr grob – dargestellte Transaktionsanalyse ist eine. Meine anderen Favoriten sind das Examen nach Loyola, bei dem man sich fragt, wann am vergangenen Tag man sich am lebendigsten und am wenigsten lebendig fühlte.

Ich liebe auch die Fünf-Finger-Methode, bei der fünf Aspekte betrachtet werden.

Reflektieren nach der Fünf-Finger-Methode

Nimm die fünf Finger als Erinnerungshilfe und frage dich in Bezug auf einen Zeitraum oder Event eine Frage nach der nächsten:

- **Daumen:** Was war gut?
- **Zeigefinger:** Was habe ich gelernt?
- **Mittelfinger:** Was hat mir gestunken?
- **Ringfinger:** Was hat mich mit anderen verbunden?
- **Kleiner Finger:** Was ist zu kurz gekommen?
- **Handfläche:** Was war mir sonst noch wichtig?

Zur ausgewogenen Reflexion gehört beides: ein Spüren der eigenen Emotionen und ein Nachdenken über Werte und Prioritäten. Anders als zielloses Herumgrübeln hat fokussierte Reflexion die Absicht, Klarheit zu gewinnen, um anschließend angemessen reagieren zu können.

Es ist so: Klare Reflexion führt in der Regel zum starken Handeln. Das war bei mir auch so. Bereits in den ersten beiden Wochen haben mehr als 200 Gegenstände mein Schiff verlassen. Einen Monat später war die Zahl auf 630 angewachsen. An manchen Stellen ist der Unterschied zu vorher schon wahrnehmbar. Das tut mir unendlich gut.

INSPIRATION FÜR DICH

NUR SO 'NE FRAGE
Welche Reflexionstechniken kennst du und wendest du an? Welche möchtest du ausprobieren? Wann ist der beste Zeitpunkt dafür?

NUR SO 'NE IDEE
Wähle eine Methode aus, die du bisher noch nicht praktiziert hast, und nutze sie eine Woche lang einmal täglich zur Reflexion. Beobachte, was sich dadurch verändert.

BUCHTIPP
Kerstin Hack: Reflexionsfragen. Impulse, Dinge gut zu durchdenken, Down to Earth, 2013
Eine Sammlung von klassischen und ungewöhnlichen Fragen, die dir helfen, dir selbst und den Dingen auf die Spur zu kommen.

FILMTIPP
Tom Tykwer: Lola rennt, 1998
Das Leben kann so sein – oder ganz anders. Lola rennt, um ihrem Freund Manni aus der Patsche zu helfen. Der Film zeigt drei verschiedene Varianten des Laufes – eine Einladung zum Denken und Reflektieren.

MACHE MEHR FEHLER! SCHNELL!

AUS FEHLERN LERNEN

Der Köder saß: „Wenn Sie hier ein Elektrizitätswerk bauen, schenke ich Ihnen das Grundstück!" Da wollte der Berliner Industrielle nicht Nein sagen und baute das modernste Elektrizitätswerk der damaligen Welt. Die Presse jubelte: „Die technische Entwicklung hat ihren Höhepunkt erreicht!"

Das kleine Problem: Die Berliner in der Umgebung fanden die Vorstellung, elektrisches Licht zu nutzen, zu fremd. Sie bevorzugten das vertraute Gas. Ein Elektrizitätswerk ohne Kunden ist ein ziemlich kostspieliger Fehler.

Aus Angst vor solchen Fehlern versuchen wir oft, Fehler zu vermeiden. Das ist ein Fehler. Denn nur aus Fehlern wird man klug. Durch tausendmal Hinfallen findet man heraus, wie Laufen geht. Manchmal muss man erst hundert Frösche küssen, bevor man merkt, in welchem ein Prinz steckt.

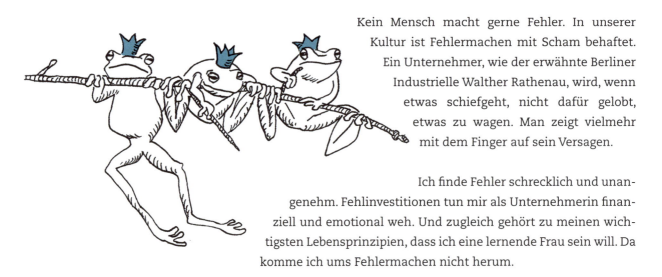

Kein Mensch macht gerne Fehler. In unserer Kultur ist Fehlermachen mit Scham behaftet. Ein Unternehmer, wie der erwähnte Berliner Industrielle Walther Rathenau, wird, wenn etwas schiefgeht, nicht dafür gelobt, etwas zu wagen. Man zeigt vielmehr mit dem Finger auf sein Versagen.

Ich finde Fehler schrecklich und unangenehm. Fehlinvestitionen tun mir als Unternehmerin finanziell und emotional weh. Und zugleich gehört zu meinen wichtigsten Lebensprinzipien, dass ich eine lernende Frau sein will. Da komme ich ums Fehlermachen nicht herum.

Fehler können wunderbar sein.

WÄHLE DIE FEHLER, DIE DU MACHEN WILLST

Eine faszinierende Anregung zum Fehlermachen erzählt Robert T. Kiyosaki in dem Buch „Rich dad, poor dad". Ein früher Fehler war, den Rat seines Vaters, er müsse es lernen, Geld zu machen, wörtlich zu nehmen: Er schmolz Aluminium zu Münzen um und lernte so schon früh: Geld muss man legal „machen".

Als junger Mann verkaufte er erfolglos Kopiermaschinen. Er machte bei den wenigen Verkaufsgesprächen, die er führte, etwas falsch. Nur was? So geht es vielen. Sie wissen nicht, was falschläuft, und probieren weiter zäh herum.

Robert bat seinen Mentor um Rat. Der riet ihm, seine Fehlerquote zu erhöhen, um schneller zu lernen. Er wählte einen Nebenjob als Telefonverkäufer. Er machte anfangs viele Fehler und lernte schnell. Erfolg stellte sich ein.

Das Prinzip, bewusst zu wählen, wo man Fehler machen will, um schnell zu lernen, habe ich von ihm übernommen. Nicht immer habe ich den Mut. Aber gelegentlich wähle ich Bereiche, in denen ich mich unsicher fühle. Und übe dann bewusst. Das kann Bewegung sein, Kommunikation oder etwas anderes.

Jedes Training, jede Weiterbildung, bei der man Neues tatsächlich einübt, ist eine wunderbare Gelegenheit, Fehler zu machen und daraus zu lernen. Manchmal genügt es auch, alte Fehler genauer anzusehen und sich zu fragen: Was hat zum Erfolg gefehlt? Wie könnte ich das in Zukunft anders machen?

Die Berliner Geschichte ist am Ende doch gut ausgegangen. Der Industrielle beschloss, die Elektrizität zum Betreiben von Fabriken zu nutzen. Er kaufte dem klugen Investor weitere Grundstücke ab und entwickelte dort einen Konzern, der als Allgemeine Elektrizitätsgesellschaft, kurz AEG, bekannt wurde.

INSPIRATION FÜR DICH

NUR SO 'NE FRAGE
Wo könntest du demnächst viele Fehler machen – um schnell dazuzulernen?

NUR SO 'NE IDEE
Wähle bewusst etwas aus, was du lernen möchtest, und finde dann einen Weg, wie du es probieren kannst. Übrigens: Ausprobieren ist nur ein anderes Wort für Fehler, das aber besser klingt.

BUCHTIPP
Jörg Achim Zoll: Henry Ford. Einer der die Welt ins Rollen brachte, Down to Earth, 2013
Er soll gesagt haben: „Sie können mein Auto in jeder Farbe haben. Vorausgesetzt, sie ist schwarz."

FILMTIPP
Till Endemann: Carl & Bertha, 2011
Jeder braucht Menschen, die trotz aller Fehler und Misserfolge auch in schwierigen Zeiten zu einem stehen. So wie Bertha Benz, ohne die der berühmte Automobilbauer Carl die Flinte ins Korn geworfen hätte – oder den Schraubschlüssel ins Gras.

MAN BRAUCHT MEIST MEHR ALS EINE STRATEGIE, UM EIN ZIEL ZU ERREICHEN

LIEBLINGSSTRATEGIEN

Kürzlich habe ich einen Quadratmeter Urwald gerodet. Oder zumindest einen halben. Und so richtig Urwald ist das, was da auf einem alten, seit der Wende halb verlassenen Werksgelände wächst, vermutlich auch nicht. Doch für mich fühlt sich das Brombeer-Akazien-Brennesselgemisch wie Urwald an.

Da ich meine Gäste und mich selbst lieber mit einer Blumenwiese als mit Disteln und Dornen begrüßen will, habe ich dem Urwald den Kampf angesagt. Sechs Monate lang habe ich jede Mülltüte mit ein paar Schaufeln Industrieasche zusätzlich befüllt – bis der zwei Meter hohe Berg abgetragen war. Und jetzt kämpfe ich mich in jeder Mittagspause durch einen Meter Gestrüpp.

Ich mag es, Dinge schrittweise anzugehen: jeden Tag ein Stück weiter. Das liegt in meiner Familie. Meine Großtante baute ihr Haus aus Steinen, die sie eigenhändig aus einem Steinbruch brach: Pro Tag schaffte sie einen oder zwei Steine. Daraus baute sie das Haus, in dem sie lebte.

Ich habe mein Schiff in vielen kleinen Schritten gebaut, fast alle Probleme versuche ich, so zu lösen. Eins nach dem anderen anzupacken, ist meine Lieblingsstrategie – egal, ob es sich um Aufräumen, Planen oder die Beseitigung von Dschungel handelt. Ich erlebe das als entlastend – zu große Projekte im Ganzen zu durchdenken, überfordert mich.

Die Genossen des staatseigenen Betriebes, die früher auf diesem Werksgelände das Sagen hatten, hätten das sicher mit einem Fünfjahresplan angepackt.

Andere hätten es aufgeschoben und erst mal getrödelt. Meine beste Freundin hätte mit einer Radikalkur den Urwald beseitigt und einen Garten Eden gestartet. Jeder auf seine Art.

DIE GRENZEN VON LIEBLINGSSTRATEGIEN ERWEITERN

Nur eine Strategie zu kennen, schränkt unser Denken ein: „Wer als Werkzeug nur einen Hammer hat, sieht in jedem Problem den Nagel", wie der Philosoph Paul Watzlawick es formulierte.

Lieblingsstrategien sind vertraut, wie gut eingelaufene Schuhe. Unpraktisch wird es nur, wenn sie nicht mehr zu der Situation passen, die man mit ihnen meistern will: Turnschuhe sind zum Tanzen nur bedingt, Flipflops zum Bergwandern gar nicht gut geeignet.

Meine Strategie, Dinge Schritt für Schritt zu machen, eignet sich nicht für alle Situationen. Als ich über 100 gebrauchte Bücher schrittweise online verkaufen wollte, ging das schleppend. Der Stapel belastete mich jahrelang, bis ich mich endlich entschied, einen Großteil einfach zu verschenken. Was für eine Erleichterung.

Zwischenmenschliche Lieblingsstrategien

Lieblingsstrategien kann man auch im Umgang mit anderen pflegen. Da kann eine – oft aus der Kindheit übernommene – Strategie sein, etwa immer das liebe Mädchen oder der brave Bub zu sein. Oder es allen recht zu machen oder stets bockig zu reagieren.

Die Lieblingsstrategie hat in manchen Situationen gut funktioniert. Im Lauf des Lebens stellt man – hoffentlich – fest, dass die alten Strategien jetzt nicht mehr für jede Situation passen. Wer nur die eine Reaktionsweise eingeübt hat, ist in ihr gefangen. Wer mehr als eine Option zum Handeln hat, kann frei und souverän wählen.

Den Urwald vor meinem Schiff werde ich weiter Schritt für Schritt roden. Das passt für mich und die Situation. An anderen Stellen, wo ich entdecke, dass meine Lieblingsstrategie mich meinem Ziel nicht näher bringt, werde ich zu radikaleren Maßnahmen greifen. Ich werde überlegen, was mein Ziel ist und welche Strategie mich dem Ziel am besten näher bringt. Und es dann tun.

INSPIRATION FÜR DICH

NUR SO 'NE FRAGE

Was sind einige deiner Lieblingsstrategien bei praktischen Dingen und in Bezug auf den Umgang mit anderen Menschen? Welches Ziel verfolgst du mit der Strategie?

NUR SO 'NE IDEE

Entwickle für jedes Ziel, das du bisher mit deiner Lieblingsstrategie erreicht hast, drei andere zum Ziel führende Wege. Z. B. Entspannung kann statt durch Trödeln vorm Arbeiten auch durch Musik, Gelassenheit oder Ruhe danach erreicht werden.

Oder: Wertschätzung durch andere (Ziel) ist auch durch Offenheit, Hinweis auf eigenen Beitrag oder Bitten um Unterstützung erhältlich, nicht nur durch Lieb-Kind-Spielen.

BUCHTIPP

Christoph Schalk: Weisheit entwickeln. Krisen meistern und belastbar werden, Down to Earth, 2010
Das Quadro-Trainingsheft des erfolgreichen Coaches zeigt Wege auf, wie man bisherige Denkweisen und Strategien Schritt für Schritt erweitern kann – oder auch ziemlich radikal und intensiv.

FILMTIPP

Ava DuVernay: Selma, 2014
Der bewegende Film über den Bürgerrechtler Martin Luther King zeigt deutlich: Wenn bisherige Methoden nicht helfen, muss man neue Wege gehen, um das Ziel zu erreichen.

DIE ANDEREN BEWERTEN ALLES ANDERS

WERTE UND HANDELN

Die Frau war krass. Sie war eine der wenigen Frauen bei der Kripo in einer deutschen Großstadt. Sie leitete Einsätze im Bereich der organisierten Kriminalität. Sie behauptete sich erfolgreich in einer „Männerwelt".

Sie genoss Respekt. Was sie tat, machte sie gut. Bei der Kripo konnte sie ihre Fähigkeiten in Kommunikation und Analyse einsetzen – bei Vernehmungen blühte sie auf. Und die Analyse von Akten bereitete ihr viel Freude.

Was ihr fehlte: Ästhetik. Weder die gerichtsmedizinischen Bilder noch die Einrichtung einer neonbeleuchteten deutschen Amtsstube erfüllte ihr Bedürfnis nach Schönheit. Auch ein Buch über Feng Shui fürs Büro, das ihre Kollegen ihr mal schenkten, genügte nicht. Am Ende wechselte sie den Beruf.

Ich konnte das tief verstehen. Mir ist Ästhetik so wichtig, dass mir Räume oder Bücher, die ich als hässlich empfinde, fast körperlich wehtun. Ästhetische Körperverletzung will ich vermeiden.

Ihren Freunden und Kollegen ging es sicher zum Teil anders. Für jemanden, für den etwa Sicherheit ein hoher Wert ist, ist es kaum nachvollziehbar, wie man einen Beamtenstatus aufgeben kann – „nur" weil einem die Schönheit fehlt.

Andere Menschen in der Tiefe verstehen kann man in der Regel nur dann, wenn man ähnliche Werte hat oder sich in die Werte des anderen zumindest einfühlen kann. Mir fiel das leicht, weil ich ihren Wert Ästhetik teile – auch wenn wir nicht genau den gleichen Geschmack haben.

Die eigenen Werte kennen

Ich definiere Wert so: Ein Wert ist eine Überzeugung, wie das Leben am besten gelebt werden kann. Durch Erziehung, Prägung und Erlebnisse entwickeln Menschen eine eigene, tief verwurzelte Kombination von Werten. Diese Kombination ist sehr individuell und von Mensch zu Mensch verschieden.

Es ist gut, für sich selbst klar zu wissen: Das sind meine Werte, das halte ich für die beste Art und Weise, mit mir selbst, Dingen und Menschen umzugehen. Die eigenen Werte zu kennen, macht das Leben klarer und vereinfacht Entscheidungen.

Eigene Werte kann man entdecken, indem man überlegt, was einem wichtig ist. Man kann sich auch fragen, worauf man besonders empfindlich reagiert und welche Situationen einen stark irritieren können. Mich ärgert es, wenn Bücher lieblos gestaltet sind – es verletzt meinen Wert der Ästhetik. Ein anderer Mensch ist vielleicht besonders irritiert, wenn jemand einen Gesprächspartner unterbricht – es verletzt seinen Wert des Respekts.

Werte anderer akzeptieren

Es ist ein offenes Geheimnis: Anderen Menschen sind andere Dinge wichtiger als einem selbst. Wenn man sich nicht als Maß aller Dinge sieht, kann man auch dem anderen zugestehen, dass er für sich Werte bestimmt und festlegt –, auch wenn die anders sind als die eigenen.

Wenn Werte kollidieren

Unterschiedliche, oft unbewusste Werte spielen bei zwischenmenschlichen Konflikten häufig eine Rolle. Streitet man etwa über eine bestimmte Herangehensweise, kann man einander fragen, welcher Wert darunterliegt.

Ab und zu sind Werte so verschieden, dass kein Miteinander möglich ist. In anderen Fällen kann das Gespräch über Werte zu mehr Verbundenheit und Akzeptanz führen – auch wenn die Werte vermutlich verschieden bleiben.

INSPIRATION FÜR DICH

NUR SO 'NE FRAGE

Welche Werte sind dir wichtig? In welchen Situationen reagierst du besonders empfindlich oder über welches Verhalten kannst du dich so richtig aufregen? Welcher (verletzte) Wert steckt dahinter? Was begeistert dich besonders stark? Welcher erfüllte Wert kommt darin zum Ausdruck?

NUR SO 'NE IDEE

Schreibe 10 bis 20 Werte auf, die dir besonders wichtig sind. Markiere dann die Top 5. Und sprich mit Familie, Freunden und Kollegen über die Werte, die ihnen wichtig sind.

BUCHTIPP

Torsten Huith: Werte. Impulse, Orientierung zu finden, Down to Earth, 2011
Die eigenen Werte zu kennen, gibt Halt im Leben. Dieses Impulsheft bietet erste Anhaltspunkte, um die eigenen Werte zu entdecken und zu leben.

INTERNETTIPP

Werte sind oft unbewusst und wenig klar. Eine Hilfe bietet eine Liste mit verschiedenen Werten, die ausführlich beschrieben und erklärt sind:
www.wertesysteme.de/alle-werte-definitionen

GELASSEN BLEIBEN

Das Leben bringt Dinge mit sich, die wir als unangenehm empfinden. Manchmal lösen andere Menschen etwas aus, was uns schmerzt. Zu anderen Zeiten waren es wir selbst. In solchen Situationen neigen viele dazu, in Gedanken um das Geschehene zu kreisen. Um das, was wir anders hätten tun können, wenn wir es gewusst hätten.

Ich kann das gut. Ich habe das von meiner Mutter gelernt. Sie von ihrer Mutter. Meine Mutter hatte stets ein Gespür für guten Stil. Als junges Mädchen gelang es ihr, meine Oma zu überreden, ihr einen schicken Hut zu kaufen. In den Fünfzigerjahren war das etwas ganz Besonderes.

Nur wenige Minuten später wurde das Prachtstück auf einer Brücke von einer Windbö erfasst und war für immer verloren. Das Jammern war groß: „Ach, hätte ich doch nur nicht nachgegeben und dir den Hut gekauft …"

Dieses „Ach, hätte" und die damit verbundenen Gefühle von Frust und Verzweiflung können quälen und das Leben vermiesen. Bei mir war das lange so, wann immer andere oder – noch schlimmer – ich selbst einen Fehler machten. Es änderte sich erst, als ich eines Nachts mit zwei Sätzen im Kopf aufwachte. Diese beiden Sätze sind zu einem großen Schatz der Gelassenheit und Kraft für mich geworden.

Es darf sein, was ist. Ich gestalte, was wird.

Über „Ich gestalte, was wird" werde ich im nächsten Kapitel schreiben. Ich will den Blick erst einmal auf das „Es darf sein, was ist" lenken. Oder anders formuliert: auf die Kunst, die Realität anzuerkennen. Denn, es darf sein, was ist, heißt erst einmal: durchatmen. Anerkennen: So ist es.

Akzeptanz der Realität heißt nicht, dass man das Geschehene gut zu finden braucht. Das wäre verrückt. Fehler sind richtig doof und frustrierend. Aber wenn sie passiert sind, ist es sinnlos, darüber nachzugrübeln, was wäre, wenn die Fehler nicht geschehen wären. Wir können die Vergangenheit nicht verändern. Es lebt sich leichter, wenn man sagen kann: Ja, es ist, wie es ist.

SCHLÜSSEL ZUR GELASSENHEIT

Wenn das nur so einfach wäre, dieses „Es darf sein, was ist!" tatsächlich zu denken. Vielen Menschen fällt kaum etwas so schwer, wie dieses „Es darf sein, was ist". Als Frau, die in einer Familie groß wurde, in der man jahrelang über verlorene Hüte jammern konnte, weiß ich das zur Genüge. Deshalb möchte ich drei zentrale Schlüssel vorstellen, die mir halfen, mehr Gelassenheit zu entwickeln.

Der pragmatische Schlüssel: Aufregen kostet Energie

Wer sich über Geschehenes aufregt, verbraucht mental und körperlich Energie. Intensiver Ärger schwächt das Immunsystem acht Stunden lang. Die Zeit und Energie könnte man für sinnvollere Dinge nutzen. Mit etwas Übung kann man das eigene Gehirn trainieren, schnell wieder zu hilfreicheren Gedanken zurückzukehren.

Der emotionale Schlüssel: Was fühle ich?

Menschen grübeln und reden oft über Dinge, wenn sie die eigenen Gefühle nicht fühlen können oder wollen. Man regt sich über den Hut auf, der weg ist. Man kann oder wagt es nicht, die darunterliegenden Gefühle zu spüren: Ich bin traurig, dass ich viel Geld verloren habe. Emotionen können schmerzhaft sein.

Grübeln, denken, aufregen tut weniger weh. Deshalb rationalisieren Menschen oft und kreisen um Situationen, statt zum Fühlen oder zum eigenen Herzen vorzudringen. Doch wer seine Emotionen tatsächlich spürt, erlebt – auch im Schmerz – ein Ankommen in der Realität: „Ja, das spüre ich." Danach kann man leichter loslassen.

Der Zukunftsschlüssel: Wie sieht das im künftigen Rückblick aus?

Man stellt sich vor, man würde mit dem Abstand von einigen Monaten oder Jahren auf die belastende Situation zurückblicken. Manches wird vermutlich schmerzhaft bleiben – Verluste von Menschen und wertvollen Dingen oder verpassten Chancen. In anderen Situationen gilt jedoch: „Die Krise von heute ist der Witz von morgen!" Über das, was man jetzt als Katastrophe bewertet, wird man in der Zukunft herzhaft lachen. Warum nicht schon jetzt?

INSPIRATION FÜR DICH

NUR SO 'NE FRAGE

Bei welchen Gelegenheiten oder Fehlern neigst du besonders dazu, dich selbst innerlich anzuklagen oder zu verprügeln? Wie wäre dein Leben anders, wenn du in solchen Momenten einfach sagen könntest: „Es ist, wie es gerade ist. Es darf erst mal so sein."?

NUR SO 'NE IDEE

Gehe in Gedanken fünf bis zehn Dinge durch, die du dir selbst oder die andere dir angetan haben. Sage dir innerlich: „Es darf jetzt erst mal so sein, wie es ist – weil es nun mal gerade so ist!" Atme tief durch und lasse los – so gut du es gerade eben kannst.

BUCHTIPP

Kerstin Hack: Ja zu mir. Mich selbst annehmen und gut behandeln, Down to Earth, 2013
Mit den eigenen Schwächen gut umzugehen, kann ebenso herausfordernd sein, wie die Frage, welche davon man aktiv angehen kann oder welche man eher als kaum veränderbar akzeptieren lernen will. In diesem Quadro gebe ich Impulse zum guten Umgang mit der Person, die dir am nahesten ist – du selbst.

FILMTIPP

Robert Zemeckis: Forrest Gump, 1994
Ein zauberhafter Film über einen mit Einschränkungen geborenen Menschen, der das Beste aus seinem Leben macht.

SICH SELBST LOBEN?

Zurzeit ist in den USA ein Präsident an der Macht, der nicht müde wird, zu betonen, wie gut er die Dinge macht und wie unfähig die anderen sind. Wegen solcher Verhaltensweisen lehnen viele Menschen es grundsätzlich ab, Stolz auf Leistung zu empfinden oder zu zeigen. „Eigenlob stinkt" sagt man.

Keine Frage: Zur Schau getragene Überheblichkeit stößt andere oft ab. Doch die aktuelle Emotionsforschung sieht die Sache differenzierter. Sie unterscheidet zwischen hybridem, anmaßendem Stolz auf etwas, das man nicht geleistet hat. Und authentischem Stolz auf eine erbrachte Leistung.

Es wäre krank, einem Sportler, der monatelang trainiert und dann erfolgreich einen Marathon läuft, zu untersagen, seinen Stolz zu zeigen. Wir verleihen Medaillen, weil wir damit zum Ausdruck bringen: Du hast eine Leistung erbracht. Darauf darfst du stolz sein.

Bei einem Jungen wurde ADHS diagnostiziert. Die Ärzte empfahlen Training zum Ausgleich. Er machte Schwimmen zu seinem Sport und stellte mehrere Weltrekorde auf. Ich gönne Michael Phelps jede seiner 26 Olympiamedaillen.

Ich finde es wichtig, Menschen nicht erst dann zu loben, wenn sie auf dem Siegerpodest stehen. Sondern schlichtweg für jede Anstrengung.

Von einem Vater habe ich einmal gelesen, dass er bei schlechten Schulnoten stets fragte: „Hast du dich angestrengt und dein Bestes gegeben?" War die Antwort „Ja", war er zufrieden.

DIE KUNST DES EIGENLOBS

Wann immer Menschen gelobt werden, macht sie das glücklich. Gerade hat der 14 Monate alte Manfred übers ganze Gesicht gestrahlt. Er hat sich aus dem Kinderwagen gelehnt und auf die Tasten meines Laptops gehauen: ffh hhhf ggegbg gessssssa.

Ob er das Konzept des Schreibens schon versteht, bezweifle ich. Doch Stolz und Freude waren auf sein Gesicht geschrieben, als es glückte und ich ihn lobte.

Ich sonne mich in der Fantasie, als Erste einen späteren Nobelpreisträger entdeckt zu haben. Wer sich bei Manfred einen blonden, blauäugigen Jungen vorstellt, liegt falsch. Er hat karamellbraune Haut und dunkle Augen und Haare.

Die Kunst, sich selbst zu loben

Um sich angemessen zu loben, braucht man Klarheit, was einem wichtig ist. Ich lasse mich ungern vom Schreiben ablenken. Es ist jedoch einer meiner Werte, offen für Begegnungen mit Menschen zu sein, wenn sie sich ergeben. Deshalb bin ich ein bisschen stolz, dass ich mich von Manfred beim Schreiben dieses Kapitels unterbrechen ließ.

Die Stärkung durch Selbstlob

Ich lobe mich, weil das – durch die Ausschüttung von angenehmen Hormonen – gute Gefühle schenkt. Daneben mache ich es mir bewusst, um gewünschtes Verhalten zu verstärken. Das Gehirn will mehr von den Glückshormonen und motiviert mich, wieder so zu handeln, damit es sie bekommt.

Wie habe ich mich eigentlich gelobt? Ich habe lediglich gelächelt und mir innerlich „gut gemacht" gesagt. Das genügt! Eigenlob stärkt.

INSPIRATION FÜR DICH

NUR SO 'NE FRAGE
Wann hast du in den letzten Stunden etwas getan, was dir nicht leichtfiel, aber deinen Werten entsprach? Hast du dich innerlich dafür gelobt?

NUR SO 'NE IDEE
Schreibe dir einige deiner guten Vorsätze und die Handlungen, die dazugehören, auf, z. B. abends nach 18 Uhr nur noch Wasser zu trinken. Wann immer du das tust, lobe dich selbst. Das führt auf Dauer dazu, dass dein Wunsch, so zu handeln, gestärkt wird.

BUCHTIPP
Kerstin Hack: Spring hinein ins volle Leben, Down to Earth, 2007
Man darf stolz sein, wenn man nach schweren Zeiten wieder auftaucht und Mut zum Weiterleben findet. In diesem Buch beschreibe ich, was dabei helfen kann.

FILMTIPP
Steven Spielberg: Schindlers Liste, 1993
Fabrikant Oskar Schindler und seine Mitarbeiter retten Hunderten von Juden zur Nazizeit das Leben. Jeder der Retter hat andere Werte, die ihn zum Handeln motivieren – und kann auf anderes stolz sein.

RUHE & REGENERATION

DIE FARBEN DER RUHE

Meine Mittagspause war gelb und bunt. Die Sonne schien mir golden ins Gesicht und ich hörte auf *TED.com* Nabila Alibhai, die von den religiösen Konflikten in ihrer Heimat Kenia sprach. Konflikte sind nicht erholsam. Lösungen schon.

Nabila und ihre Mitstreiter motivierten Christen, Moslems, Hindus und Juden eines Stadtteils, die Versammlungshäuser der anderen leuchtend gelb zu streichen – als Zeichen des Respekts und des Miteinanders. Die Sonne scheint ja auch über allen.

Solche Geschichten inspirieren mich – in einer Welt voller Konflikte entlastete es mich, von kreativen und konkreten Zeichen der Hoffnung zu hören. Es wärmt mein Herz, so wie die Sonne meinen Körper. Ich war dadurch erholt.

In einer Welt der Aktivität, des Stresses und der Anspannung brauchen wir Ruhe und Regeneration, um neue Kraft zum Gestalten zu haben. Früher dachte ich, dass Ruhe nur in der Form besteht, dass man gar nichts tut und komplett still sitzt oder liegt – was mir von der Persönlichkeit her schwerfällt.

Heute weiß ich: Ruhe und Regeneration sind bunt und vielfältig. Ruhe kann heißen, entspannt und träge in der Hängematte zu liegen. Es kann aber auch bedeuten, durch eine Ausstellung oder einen Park zu schlendern.

Es scheint fast so zu sein, dass man für jede Form der Belastung – etwa durch mentalen oder körperlichen Stress – eine andere Form der Ruhe braucht. Gut dran ist der, der eine Vielzahl unterschiedlicher Möglichkeiten zur Auswahl hat.

Formen der Ruhe und Regeneration

Mir sind etwa ein Dutzend verschiedener Ausdrucksformen von Regeneration mit unterschiedlich intensivem Erholungswert bekannt, die ich im Folgenden gern vorstellen möchte.

- **Schlaf:** Den Tag hinter sich lassen und ganz abschalten.
- **Nickerchen:** Der kleine Bruder des Schlafs, der schnell Batterien auflädt.
- **Pausen:** Unterbrechung einer Tätigkeit, um etwas anderes oder nichts zu tun.
- **Gebet/Meditation:** Loslassen und bei Gott zur Ruhe kommen.
- **Abwechslung:** Wechsel zwischen kreativen und organisatorischen Tätigkeiten oder solchen, die eher den Körper oder das Denken beanspruchen.
- **Erholsame Tätigkeiten:** Gärtnern für die einen, Handwerk für die anderen – kurz: Alles, was wir gern tun und was nichts mit Broterwerb zu tun hat.
- **Spielen:** Beim Spielen können wir die Sorgen des Alltags hinter uns lassen und uns manchmal auch richtig austoben.
- **Bewegung:** Jede Form von Bewegung stärkt und entlastet den Körper.
- **Gehen:** Wird der Körper abwechselnd rechts und links bewegt, entspannt und entlastet das gleichzeitig.
- **Ruhetage:** Zum Beispiel den Sonntag von Arbeit und Internet frei halten.
- **Urlaub:** Auszeiten vom Beruf – häufig an einem anderen Ort.
- **Sabbatzeiten:** Längere Zeiten zur Weiterbildung oder Neuorientierung..

Das ist sicher nicht alles, doch es tut mir gut, eine Bandbreite von Wegen zur Ruhe zu kennen und einzusetzen. Gleich werde ich mich noch einige Momente in die Sonne setzen und gar nichts tun. Auch das ist herrliche Ruhe.

INSPIRATION FÜR DICH

NUR SO 'NE FRAGE

Welche Formen der Ruhe praktizierst du? Welche davon tun dir besonders gut? Wo erlebst du gerade besonders viel Belastung? Was könntest du ausprobieren, um Entlastung und Ruhe zu finden?

NUR SO 'NE IDEE

Probiere mal einige der Formen von Ruhe aus, die du nur selten praktiziert hast, und beobachte, ob und wenn ja, auf welche Weise sie dir guttun.

BUCHTIPP

Kerstin Hack: Stille. Impulse, im Alltag zur Ruhe zu finden, Down to Earth, 2008
Einige kompakte Impulse, um innerlich und äußerlich zur Ruhe zu finden.

INTERNETTIPP

Nabila Alibhai: Why people of different faiths are painting their houses of worship yellow
Der erwähnte inspirierende Vortrag bei TED. Englische oder deutsche Untertitel kann man sich einblenden lassen.
ted.com/talks/nabila_alibhai_why_people_of_different_faiths_are_painting_their_houses_of_worship_yellow

TRÖDELN SCHENKT RAUM

Gestern habe ich getrödelt. Es fing schon damit an, dass ich schlief, so lange ich konnte – was bei mir selten länger als 8 Uhr ist. Dann stand ich mit einer Tasse in der Hand an Deck und schaute aufs Wasser und winkte den vorbeifahrenden Polizisten zu.

In diesem Stil lief der ganze Tag. Es war nicht so, dass ich nichts tat. Sondern vielmehr so, dass ich einfach beschlossen hatte, mir einen ganzen Tag lang zu erlauben, einfach nur das zu tun, worauf ich Lust hatte.

Ich saß lange in der Sonne, räumte einige Dinge auf und pflückte ein Pfund rostige Nägel aus meinem Blumenbeet, das sich über einem alten Aschehaufen befindet. Nach starkem Regen kommen Nägel und Holzkohle an die Oberfläche. Sie zu entfernen, entspannt mich ebenso, wie das Gestrüpp weiterzuroden und hier und da etwas zu putzen.

Nach einer vollen Woche mit drei intensiven Planungstagen und einer Weiterbildung tat mir dieser Tag ohne Programm und mit dem Spontanbesuch einer Freundin richtig gut.

Ja, die Bank an Deck braucht einen neuen Anstrich, das Wetter war ideal dafür. Ich spürte aber zutiefst, wie nötig meine Seele Freiraum brauchte. Sie ist wie ein Schifferklavier, das regelmäßiges Auseinanderziehen braucht, um wieder Töne von sich geben zu können.

Häufig ist es so, dass nach ein paar Stunden Ruhe mit der Erholung die Kreativität auflebt. Kaum habe ich Phasen der Ruhe, fallen mir neue Dinge ein. Das ist der gleiche Effekt wie „beim Duschen kommen einem die besten Ideen". Die dann manchmal – nicht immer – sogar Zaster, Moneten, Kohle, oder wie auch immer man Geld benennen mag, bringen.

TRÖDELZEITEN SCHÜTZEN

Das Gehirn braucht Trödelzeiten, um Erfahrungen zu sortieren und Gedanken neu zu verknüpfen. Daraus entwickelt es neue, kreative Ideen. Wer ständig mit Eindrücken, Informationen und Aktivitäten überschüttet ist, dem fehlt dieser Raum. Das kann im schlimmsten Fall zu Krankheit führen. In jedem Fall zur Reduktion der Kreativität.

In der Regel sorgen andere oder wir selbst schon dafür, dass uns kaum Ruhe bleibt. Echten Frei-Raum müssen wir hingegen schaffen. Die Juden sind Meister darin, diesen Sabbat-Ruhe-Raum wertzuschätzen und mit Regeln und Geboten wie mit einem Zaun zu umgeben, um die kostbare Zeit zu schützen.

In mehreren Biografien jüdischer Menschen habe ich gelesen, dass sie in einer Phase ihres Lebens diese streng erscheinende Regel abgeschüttelt haben, nur um nach einigen Jahren festzustellen, wie zerfranst ihr Leben wurde. Und wie viel Kraft, Klarheit und innere Stärke das erneute Praktizieren des Sabbats in ihr Leben brachte.

Es gibt – gemessen an der relativ kleinen Zahl von Juden in der Weltbevölkerung – eine überdurchschnittlich hohe Zahl an jüdischen Nobelpreisgewinnern. Ich frage mich, ob diese hohe wissenschaftliche oder künstlerische Kreativität wohl auch ein Ergebnis des eingeübten Trödelns ist.

Für mich als Frau, die das Judentum aus der Bibel, aber nicht aus eigener Praxis kennt, ist das Wissen um die Wohltaten des Trödelns Anreiz genug, mir ab und an gute Grenzen zu setzen und mir zu erlauben, ohne Plan und Programm in den Tag hineinzuleben.

Eine richtig zündende Idee hatte ich an diesem Tag nicht. Am Ende des Tages hat es dann aber doch noch geknallt. Im nahe liegenden Stadion wurde ein Feuerwerk in den Himmel geschossen. Das war zwar nicht ruhig, aber ziemlich kreativ. Auch schön.

INSPIRATION FÜR DICH

NUR SO 'NE FRAGE
Wann hast du das letzte Mal so richtig ausgiebig getrödelt? Wie hast du das erlebt? Was macht dir das Trödeln leicht? Was erschwert es dir? Wie könntest du Trödelzeiten schützen?

NUR SO 'NE IDEE
Gönne dir mal wieder einen Schlafanzug-Morgen oder -Abend. Einen Stadtbummel oder etwas anderes, was dir eine Zeit des Trödelns schenkt oder erleichtert.

BUCHTIPP
Kerstin Hack: Worte zur Stille. Zitate und Gedanken, die zur Ruhe führen, Down to Earth, 2009
Eine Sammlung von klugen Gedanken und Zitaten, die den Wert von stilleren Phasen beschreiben.

FILMTIPP
Der Lauf der Dinge
Unter dem Stichwort „Der Lauf der Dinge" findet man im Internet eine Reihe von Filmen, die mit bezaubernder oder auch nervtötender Langsamkeit zeigen, wie ein Gegenstand den nächsten anstößt und etwas bewirkt.

DIE LÖSUNG VOM PROBLEM IST OFT DIE LÖSUNG VOM PROBLEM

FESTSTECKEN IM PROBLEM

„Ähm. Also. Wir haben ein Problem!" Antons Stimme war anzumerken, dass es ihm peinlich war, darüber zu reden. „Bei meiner Frau und mir läuft nichts mehr ... schon seit Jahren! Wir dachten, Sie könnten uns vielleicht helfen." Der viel beschäftigte Coach vergab einen Termin für sechs Wochen später. Nach jahrelangem Stillstand kam es auf ein paar Wochen mehr oder weniger nicht an.

Drei Wochen später rief Anton wieder an. Seine Stimme klang kraftvoller: „Ich brauche den Termin nicht mehr! Es läuft wieder zwischen uns." Nun war der Coach neugierig. Was war geschehen? „Wir waren unterwegs und haben in einem dieser Feng-Shui-Hotels übernachtet. Da stand das Bett an der Wand. Als ich nachts zur Toilette wollte, musste ich über meine Frau klettern ... "

Diese Geschichte, die ich vor einigen Jahren in einem Vortrag eines Kollegen hörte, illustriert eine Erfahrung, die viele Menschen kennen. Hat man erst einmal Abstand vom Problem gewonnen, findet sich die Lösung plötzlich, nach der man vorher jahrelang verzweifelt gesucht hat.

So dramatisch wie bei dem Paar ist es selten, doch als Coach erlebe ich oft, dass allein die Entscheidung, sich Unterstützung zu gönnen, innerlich etwas löst. Das tritt so oft auf, dass ich Gespräche mit neuen Kunden häufig mit der Frage beginne: „Hat sich möglicherweise schon etwas an Ihrer Situation verändert, seit Sie sich entschieden haben, zu mir zu kommen?"

Bekannt ist das Phänomen, dass Paare, die lange erfolglos versuchten, Kinder zu bekommen, und sich dann für eine Adoption entscheiden, häufig doch schwanger werden. Das kann viele verschiedene Ursachen haben. Aber die Entspannung, die einsetzt, nachdem man sich von dem Fokus aufs Problem gelöst hat, scheint oft ein wesentlicher Faktor zu sein.
Kaum hat man sich von der intensiven Suche nach einer Lösung verabschiedet, scheint es oft so, als ob die Lösung einen regelrecht finden will. Das ist natürlich nicht immer der Fall. Doch bei unzähligen Herausforderungen hat die innere Los-Lösung vom Problem eine derart positive Auswirkung, dass es sich lohnen kann, das innere Lösen bewusst einzusetzen.

Sich vom Problem lösen

Vermutlich stöhnen einige Menschen beim Lesen der letzten Zeilen: „Wenn das nur so leicht wäre – sich einfach vom Problem zu lösen! Ich kann meinen Kopf nicht vom Problem lösen. Es kreist und kreist in meinen Gedanken, ich komme nicht zur Ruhe." Ich habe da ein paar Tipps.

- **Vom Problem weggehen**
  Manchmal ist es klug, einfach vom Problem wegzugehen. Im durchaus wörtlichen Sinn. Gehirn und Emotionen sind sehr komplex – doch man kann vereinfacht sagen, dass die abwechselnde Bewegung beider Körperhälften beim Laufen oder auch Radfahren das Gehirn ent-stresst. Nach einem Spaziergang oder einer Runde auf dem Rad oder Laufband ist der Kopf viel klarer.

- **Das Problem auf die Seite legen**
  Manchmal kann man ein Problem zur Seite legen – etwa indem man die Schwierigkeit auf einen Zettel schreibt, es in eine Schachtel tut und dem Kopf sagt: Mach eine Pause bis morgen (oder nächste Woche). Dann hole ich dich wieder hervor. Ein genauer Zeitpunkt ist wichtig, weil man damit dem Gehirn signalisiert: Bis dahin brauchst du nicht darüber nachzudenken.

- **Das Problem an jemanden delegieren**
  Man kann mit einem Freund oder einer Freundin Probleme tauschen und den anderen bitten: Könntest du mal für ein paar Tage das Nachdenken über mein Problem übernehmen – ich mache mir stattdessen Gedanken um eines von deinen. Mogeln gilt natürlich nicht. Falls man mit Gott befreundet ist, könnte man den Tausch auch mit ihm machen.

- **Das Gute entdecken und nutzen**
  Ich glaube nicht, dass in jedem Problem ein verborgener Schatz steckt – manche Dinge sind schwierig und schmerzhaft. Punkt. Doch zugleich bin ich überzeugt davon, dass es sich lohnt, darüber nachzudenken, wie man die problematische Situation positiv nutzen könnte.

Oft ist in einem Problem aber tatsächlich ein Geschenk verborgen, das man entdecken kann.

INSPIRATION FÜR DICH

NUR SO 'NE FRAGE

Mal angenommen, dein Problem gehört zu der beschenkenden Sorte der Probleme und hätte in sich eine richtig gute Absicht verborgen. Es will dir durch sein Dasein etwas Besonderes beibringen oder schenken. Was könnte das sein?

NUR SO 'NE IDEE

Packe dein Problem in eine Schachtel und plane konkret, wann du es wieder hervorholen willst. Wenn es sich in der Zwischenzeit in deine Gedanken drängen will, dann sage ihm, dass du dich erst zu Zeitpunkt X wieder um es kümmern willst.

BUCHTIPP

Kerstin Hack: Power-Fragen. Impulse für Lösungen, Down to Earth, 2006
Manchmal ist es spannend und lösend, ein Problem aus einer ganz anderen Perspektive zu sehen. Dieses Impulsheft enthält viele, zum Teil ungewöhnliche Fragen, die dir helfen, anders und neu zu denken.

FILMTIPP

Tom Shadyac: Bruce Allmächtig, 2003
In diesem Film beauftragt Gott höchstpersönlich einen Mann, ihn mal eine Weile zu vertreten. Er findet es zuerst wunderbar, allmächtig zu sein, doch ist am Ende froh, nicht mehr Gottes Probleme lösen zu müssen. Sondern nur seine eigenen.

URLAUB IM ALLTAG IST EIN GENUSS

KLEINE ENTDECKUNGSREISE

Autorin Anna Seghers saß beim Schreiben oft auf dem kleinen Balkon ihrer Wohnung. Sie genoss den Wind und liebte besonders ein „Fenstereck, aus dem man weit raussehen kann und sich einbilden, dahinter läge das Meer".

Ich tue es ihr nach und sitze an einem eher kühlen Tag draußen an Deck, lasse mir den Wind um die Nase und die Erinnerungen durchs Gehirn wehen. Gerade habe ich zwei Stunden Urlaub im Alltag tief genossen.

Ich bin einfach zur Anna-Seghers-Gedenkstätte in der früheren Wohnung der Schriftstellerin geradelt. Schon der Weg dorthin war ein Eintauchen in eine andere Welt. Straßen, deren Kopfsteinpflaster so uneben war, dass ich auf den Bürgersteig ausweichen musste.

Die Wohnung in Ostberlin ist im Originalzustand von 1980 erhalten – sehr spannend. In den stabilen Bücherregalen aus massivem Holz stehen zum Teil dreireihig Bücher. Für mich als Autorin ist diese Wohnung ein Traum. Ich lasse meinen Blick über alles schweifen, was sie inspirierte.

Auf dem Rückweg fahre ich der Nase nach. Mein Weg führt vorbei an der Eigenheimgasse (ehrlich!), durch einen kleinen Kiefern- und Birkenwald, vorbei an Schulen mit Stelen, die auf die Errungenschaften von Luft- und Raumfahrt aufmerksam machen, bis zurück auf mein Schiff.

Der kleine, kaum zwei Stunden lange Ausflug hat meine etwas erschöpften Lebensgeister wieder geweckt. Mir tat das Herumschweifen ebenso gut wie die Inspiration und Schönheit.

URLAUB IM ALLTAG

Manchmal ist es sinnvoll und nötig, Urlaub vom Alltag zu machen. Richtig ein kleines oder großes Stück weit an einen anderen Ort zu fahren, um sich zu erholen und neue Kraft zu schöpfen.

Häufig schenkt ein kleiner Urlaub im Alltag uns Kraft. Im Urlaub verhalten wir uns oft anders als sonst. Diese Haltung kann man auch im Alltag zeigen.

Augen auf
Oft sind es bei Reisen nicht nur die wunderbaren Gebäude und Landschaften, die uns berühren, sondern die kleinen Dinge, die wir fast nebenbei entdecken.

Schlendern
Im Urlaub verlangsamen wir oft unseren Schritt. Wir schlendern durch Gassen und Gegenden, nehmen Details besser wahr.

Genießen
Zum Urlaub gehört häufig gutes Essen und auch das Wagnis, Speisen und Getränke zu kosten, die man bisher noch nicht ausprobiert hat und für die man sich dann auch häufig richtig ausgiebig Zeit nimmt.

Offenheit
Im Urlaub sind wir offen für Neues: Aktivitäten, Kleidung und Begegnung. Der eine oder andere Plausch mit einem Einheimischen inspiriert uns.

Nicht immer erlaubt es das zeitliche oder finanzielle Budget, auf Reisen zu gehen. Aber ein paar Stunden Urlaub im Alltag will ich oft machen. Und in Gedanken, Bildern und Worten festhalten. Anna Seghers hat recht: „Ich verstand, dass es nichts gibt, über das man nicht schreiben kann."

INSPIRATION FÜR DICH

NUR SO 'NE FRAGE

Wie viel Urlaub im Alltag wäre wohltuend für dich, um regelmäßig neue Energie zu tanken? Was bräuchtest du, um es dir innerlich zu erlauben und praktisch durchzuführen?

NUR SO 'NE IDEE

Plane für die nächste Zeit ein paar Urlaube im Alltag. Schreibe Ideen für unterschiedliche Zeitspannen z. B. für 2, 4, 8, 24 oder gar 48 Stunden auf.
Eine Idee: Markiere auf einer Karte deiner Umgebung einen Punkt, der mit A beginnt, z. B. Ackerweg, und einen, der mit Z beginnt, z. B. Zeppelinweg. Gehe oder fahre von A nach Z. Lass dich überraschen.

BUCHTIPPS

Andrea Specht: Reisen. Impulse, Neuland zu entdecken, Down to Earth, 2012
Diese kompakte Anleitung zum Reisen ist nicht nur für Fernreisen gedacht – sie kann auch inspirieren, die Urlaube im Alltag offen zu gestalten.

Kerstin Hack: Die Hütte und ich. Gott neu vertrauen – eine Reise, Down to Earth, 2010
Mein wohl persönlichstes Buch: Ich nehme die Leser mit auf eine Reise, die ich unternahm, um Antworten auf schmerzhafte Fragen zu finden. Einige Leser hat meine lebendige Beschreibung des Reiseortes Antwerpen sogar inspiriert, dorthin zu reisen. Andere gingen innerlich auf Neuland zu.

FILMTIPP

Jon Van Dyke: Not Today, 2013
Auf einer Reise nach Indien wird der junge, verwöhnte Amerikaner Caden mit dem Schicksal von Annika konfrontiert, die von ihrem Vater an einen Fremden verkauft wurde.

WORTE SAGEN VIEL

„Der ist wohl nicht ganz bei Trost!", sagen wir, wenn Menschen auf eine Art und Weise handeln, die nicht vernünftig ist und womöglich andere gefährdet. Als Frau, die Worte liebt, faszinieren mich Redensarten. Häufig bringen sie einen Zusammenhang zwischen Körper und Seele zum Ausdruck.

Doch was hat unvernünftiges Handeln mit fehlendem Trost zu tun? Mehr, als man glaubt. Eine meiner Ausbilderinnen erzählte von einer Verlagsmitarbeiterin, die – trotz ihrer Kompetenz – vor der Buchmesse unter Angstattacken litt und schlaflose Nächte hatte. Es waren weniger die Aufgaben als die hohen Hallen und engen Gänge, die sie schreckten.

Da unlogisches Verhalten meist doch eine innere Logik hat, machten sie sich auf die Suche. Und wurden in der von Armut geprägten Kindheit fündig. Ihre Eltern kauften ihr ein Kleid zur Erstkommunion, aber das Geld reichte nicht für schöne Schuhe. Und so ging sie durch die engen Gänge in der hohen Kirche – voller Angst und Scham.

Sie fand als Kind keinen Trost für das Erlebte – das Geschehen steckte in ihr fest. Und da das Gehirn zur eigenen Entlastung immer nach Mustern sucht, schlug es bei den hohen Hallen und engen Gängen Alarm: „Oh … und Gottesdienst heißt ja bei uns auch noch Messe!", rief die Frau erstaunt auf, als ihr die Zusammenhänge bewusst waren.

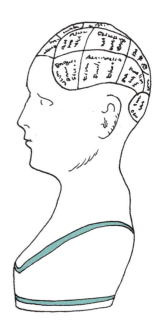

Ist das logisch? Ja, in sich schon. Auf meinem Schreibtisch steht ein Porzellankopf der Phrenologie. Diese zu Beginn des 19. Jahrhunderts verbreitete Lehre ordnete geistige Eigenschaften bestimmten Gebieten im Gehirn zu, etwa den Sitz der Kritik hinter der Stirn und die Liebe zu alkoholischen Getränken vor den Ohren. Der Kopf erinnert mich daran, dass wir nach wie vor in unserem Wissen über das Gehirn begrenzt sind.

GEHIRN UND HERZ

Heute wissen wir, dass neben dem Großhirn, das Sinneseindrücke aufnimmt, Bewegungen und Denkprozesse koordiniert, auch das limbische System eine wichtige Rolle spielt. Dieser Teil des Gehirns dient der Verarbeitung von Emotionen und steuert das Triebverhalten, z. B. den blitzschnellen Impuls zur Flucht oder zum Kampf.

Was hat das nun mit Trost zu tun? Erleben wir als Kinder oder auch als Erwachsene eine Situation, in der wir sehr gestresst sind, aber keine Empathie erleben, bleibt diese Erinnerung als stressbehaftet im Gehirn gespeichert. Das Gehirn sucht immer nach Mustern. Wenn etwas geschieht, was dem früheren Stress ähnelt, reagieren wir heftig.

Herz und Hirn ent-stressen

In Psychologie und Seelsorge wurden glücklicherweise erfolgreiche Wege gefunden, alte Stresssituationen nachträglich zu trösten und zu entschärfen.

- **Wingwave:** Das limbische System transportiert Stress ab, wenn abwechselnd durch Bewegung oder spezielle Musik beide Hirnhälften aktiviert werden. Das kennen viele vom Spazieren gehen – danach ist alles leichter. Im Coaching fokussiert man auf eine konkrete Situation und entstresst diese dann.
- **Selbstempathie:** Oft genügt es, wenn man sich nachträglich selbst warm und empathisch innerlich zuredet – als sei man der große Bruder oder die große Schwester, die dem oder der „Kleinen" mit Worten und Gesten Trost spendet.
- **Imagination:** Man kann sich innerlich vorstellen, dass ein guter, wohlwollender Mensch einem in der stressigen Situation beisteht. Als gläubiger Mensch lade ich hier oft betend Jesus ein. Das tut wohl.

Wer so gut getröstet ist, ist dann eher bei Trost.

INSPIRATION FÜR DICH

NUR SO 'NE FRAGE
Bei welchen Gelegenheiten oder Fehlern erlebst du dich selbst als irrational, nicht ganz bei Trost? Welches Ungetröstetsein steckt möglicherweise dahinter?

NUR SO 'NE IDEE
Denke an etwas, das dich stresst. Male dir die Szene vor Augen. Spüre, wo im Körper der Stress sitzt. Wähle eine Methode zum Ent-Stressen. Abwechselnd beide Hirnhälften aktivieren kannst du, indem du dir in recht schnellem Tempo mit vor der Brust überkreuzten Armen auf die Schultern klopfst. Hole dir professionelle Unterstützung, wenn du spürst, dass du sie brauchst.

BUCHTIPP
Kerstin Hack, Christoph Schalk: Blockaden lösen. Selbstcoaching mit wingwave, Down to Earth, 2015
Hier erklären wir dir Schritt für Schritt, wie du Ursachen für Blockaden („nicht ganz bei Trost sein") entdecken und sie selbst oder mit professioneller Begleitung lösen kannst.

FILMTIPP
Robert Redford: Die Legende von Bagger Vance, 2000
Der erfolgreiche Golfer hat – durch traumatische Erfahrungen im Ersten Weltkrieg – die Lebenshoffnung und seinen authentischen Schwung verloren. Sein Caddie Bagger Vance begleitet ihn dabei, die Traumata zu verarbeiten und zu sich zurückzufinden.

GESCHICHTEN GEHEN WEITER

Menschen sortieren Erlebnisse oft schnell in Kategorien: „Das war gut." Oder: „Jenes war schlecht." Das ist ein verständliches Verhalten. Doch das schnelle Einordnen führt auch dazu, dass gelegentlich unser Denken und unsere Perspektiven eingeschränkt werden. In Coaching-Kreisen wird deshalb oft eine Geschichte erzählt, welche die Perspektive weiten kann. Sie hat mein Leben geprägt und entlastet. Deshalb erzähle ich sie gern weiter.

„Es war einmal ein Bauer in China. Er war arm, aber er besaß sieben wunderschöne Pferde. Sie waren sein ganzer Stolz. Eines Abends ließ sein etwas tollpatschiger Sohn versehentlich das Gatter offen. Die sieben Pferde verschwanden. Die Nachbarn hörten davon und sagten zu dem alten Bauern: ‚Welch ein Unglück hat dich getroffen.' Er antwortete lächelnd: ‚Ein Glück oder ein Unglück, wer will es sagen?'

Siehe da: Nach zehn Mondnächten kamen die Pferde zurück und brachten sieben Wildpferde mit. Die Nachbarn sahen die wunderschönen Tiere und sagten: ‚Welch ein Glück hat dich getroffen.' Er lächelte nur und sagte besonnen: ‚Ein Glück oder ein Unglück, wer will es sagen?'

Kurz darauf ritt der – etwas ungeschickte – Sohn des Bauern eines der Wildpferde zu. Das Pferd warf ihn ab, er brach sich das Bein. Der alte Bauer musste die mühsame Erntearbeit mit gebeugtem Rücken allein erledigen. Die Nachbarn hörten das und sagten: ‚Welch ein Unglück hat dich getroffen.' Er antwortete lächelnd: ‚Ein Glück oder ein Unglück, wer will es sagen?'

Keine fünf Tage darauf nahmen die kaiserlichen Truppen alle jungen Männer des Dorfes zum Kampf gegen die Mongolen mit. Die Mütter weinten, weil sie befürchteten, ihre Söhne nie wiederzusehen. Sie nahmen alle jungen Männer mit. Bis auf den Sohn des alten Bauern, der mit gebrochenem Bein in der Hütte lag. Die weinenden Nachbarn kamen zu ihm und sagten ..."

WIR SEHEN NICHT ALLES

Mir hilft diese Geschichte, gelassener zu reagieren, wenn etwas geschieht, was ich als Unglück empfinde: Ein Zug hat Verspätung, eine Mitarbeiterin hört auf, die Steuer fällt höher aus als erwartet. Manche Katastrophen werden zu Wendepunkten. Bei mir war der schmerzhafte Verlust eines Arbeitsplatzes die Tür, durch die ich in das gestoßen wurde, was ich jetzt tue.

Ein Bekannter erzählte mir von einem Mann mit einem großem Herzen für soziale Nöte. Das Problem: Sein Vater wollte ihn als Nachfolger seines Unternehmens haben. Als der Sohn seiner Berufung in den sozialen Bereich folgte, enterbte ihn der enttäuschte Vater. Später geriet der Konzern in eine Krise. Die Geschwister erbten Millionen – von Schulden. Der älteste Sohn lebt seine Berufung weiterhin – ohne Schuldenlast.

Ich plädiere nicht dafür, Schmerz einfach mit einem „Es wird schon sein Gutes haben" wegzulächeln. Es ist gesund und heilsam, die Emotionen, die mit einem empfundenen Unglück kommen, zu empfinden und auszudrücken: Wut, Trauer, Enttäuschung, Scham und vieles mehr. Ich plädiere stark dafür, in der Beurteilung einer Situation viel Weite zuzulassen. Es fühlt sich schlimm an. Doch womöglich öffnet das Türen. Womöglich hat ein guter Gott einen größeren Plan.

So wie bei der biblischen Figur Josef – einem Teenagerjungen, der nach einem Streit von seinen Brüdern in die Sklaverei verkauft wurde. Im Haus eines einflussreichen Politikers lernte er die Grundlagen effizienter Verwaltung. Im Gefängnis lernte er den Umgang mit unterschiedlichsten Menschen. Er erwarb so Fähigkeiten, die später unzähligen Menschen das Leben retteten – auch seiner eigenen Familie. Er fasst die Geschichte seines Lebens so zusammen: „Menschen hatten vor, es böse zu machen. Gott hatte den Plan, es gut zu machen."

Mit einer Katastrophe ist unser Leben meist noch nicht am Ende. Situationen entwickeln sich. Keiner kann hinter die nächste Kurve sehen. Es kann entlasten und Offenheit für positive Entwicklungen schenken, wenn wir das anerkennen: „Ist es gut oder schlecht – wer will es sagen?"

INSPIRATION FÜR DICH

? NUR SO 'NE FRAGE

- Welche Lebensgeschichten anderer Menschen fallen dir ein, wo ein vermeintliches Unglück sich im Nachhinein als Glück entpuppte?
- Welche Situationen in deinem Leben, die du zuerst für eine Katastrophe hieltst, entpuppten sich im Nachhinein als etwas Gutes oder entwickelten sich zu etwas Gutem weiter?
- Welche hilfreichen Erkenntnisse kannst du daraus ziehen, z. B. für möglicherweise schwierige Situationen, in denen du jetzt gerade stehst?

NUR SO 'NE IDEE

Spiele alleine oder gemeinsam mit anderen gedanklich Schicksal.
Nimm dir eine Situation, die du jetzt gerade schwierig findest, und entwickle fünf bis zehn Ideen, wie aus genau dieser Situation etwas Gutes entstehen könnte. Sei gedanklich so kreativ wie möglich.

LESETIPP

Die Geschichte von Josef, die ich zitiert habe, kann man in der Bibel nachlesen unter 1. Mose 37-50. Falls du keine Bibel aus Papier zur Hand hast, findest du die bewegende Geschichte auch online, z. B. unter *www.bibelserver.de*.

DAS WILL ICH MIR MERKEN ...

> DAS SCHLECHTESTE PAPIER IST BESSER ALS DAS BESTE GEDÄCHTNIS

DANKE!

Angekommen. Du bist bis hierher mitgegangen oder gesprungen – wenn du wie ich bist und manchmal den Schluss zuerst liest.

Ich habe mich in eines meiner Lieblingscafés mit Blick auf die belebte Warschauer Straße nahe der alten Grenze verzogen, um dieses Buch fertig zu schreiben und anschließend zu feiern.

Ich lese gern abends vor dem Schlafengehen. Wenn ich auf den letzten Seiten eines Buches angekommen bin, ist das immer ein Stück Abschied – von einer Geschichte und einem Autor, der einem vertraut wurde.

Wenn man selbst schreibt, ist das Ende eines Buches auch der Abschied von der Illusion, das perfekte Buch zu schreiben. Das ist mir vermutlich nicht geglückt – ich habe noch nicht einmal alle meine Lieblingssätze untergebracht. Nicht perfekt, aber ich hoffe, dass dich die Seiten inspiriert und gestärkt haben – und dass du dir aus dem bunten Blumenstrauß einiges mitnehmen konntest.

Das Schöne an unserer Internetwelt ist, dass man sich immer wieder sehen kann. Ich lade dich ein, mit mir in Verbindung zu bleiben.

Und jetzt: „Prost – auf ein gutes Leben!"

Deine

www.kerstinhack.de

VERSCHENKE GUTES LEBEN

Du kennst sicher Menschen, die kein gutes Leben führen. Vielleicht ist ihr Leben nicht ganz schlecht. Aber eben auch nicht so richtig gut. Du siehst das und es belastet oder frustriert dich. Du wünscht ihnen ein besseres Leben als das, was sie derzeit erleben.

Stell dir vor ... du kannst ganz praktisch gutes Leben schenken

Manche materiell armen Menschen brauchen keine guten Worte, sondern handfeste Hilfe. Ich mag Projekte und Ideen, bei denen man schon mit kleinen Summen einiges bewirken kann.

- **Socken und Schoggi:** Wenn du Bettlern begegnest und kein Geld geben magst, dann habe einen Mini-Vorrat an Hilfsgütern in deiner Tasche, z. B. Socken und Energieriegel.
- **Bäume pflanzen:** Für weniger als 5 Euro kann man in Afghanistan einer Familie einen Obstbaum schenken, der sie jahrzehntelang ernährt: *www.shelter.de*
- **Augenlicht retten:** Für knapp 10 Euro kann man das Augenlicht eines Menschen retten oder wiederherstellen: *www.cbm.de*

Stell dir vor ... du kannst zu gutem Leben inspirieren

Anderen Menschen geht es gut, aber ihnen fehlen die Ideen, wie sie ihr Leben verbessern könnten. Oder der Mut, es zu tun. Sie kannst du inspirieren.

- **Impulse weitertragen:** Überlege dir, was dich beim Lesen besonders inspiriert hat. Erzähle anderen davon. So bleibt es auch besser in deinem Gedächtnis haften. Ich würde mich auch freuen, wenn du mir schreibst, was dich bewegt und gestärkt hat: *info@down-to-earth.de*
- **„Das gute Leben" verschenken:** Schenke einem anderen Menschen oder mehreren dieses Buch, um sie zu stärken und ihnen eine Freude zu machen (Geh doch gleich mal Mäuschen spielen: *down-to-earth.de* oder *scm-shop.de*).

GÖNNE DIR DEIN GUTES LEBEN

Jedes Ende ist ein neuer Anfang. Du fragst dich vielleicht: Wie kann ich nun weitermachen?

Deine Sehnsucht
Jetzt hast du viel über das gute Leben gelesen – vermutlich, weil du dir selbst ein gutes Leben wünschst. Dir ist klar: Dein gutes Leben wird vermutlich anders aussehen als meins. Ohne Hausboot und Verlag, aber vielleicht mit Katze, Kraftfahrzeug und Kindern.

Deine Realität
Ja, ich weiß. Du willst ganz anders leben – aber kommst nicht so oft dazu, weil es da 1000 Dinge gibt, die dich hindern. Verpflichtungen, Angst, Denkmuster, schlechte Gewohnheiten.

Deine Unterstützung
Ich weiß, wie schwer es ist, etwas zu verändern. Und dass man es am besten nicht alleine anpackt. Deshalb habe ich einen Onlinekurs entwickelt: *Dein gutes Leben*. Ein Jahr lang begleite ich dich dabei, dein gutes Leben zu erträumen und den Traum wahr werden zu lassen.

Dein Tempo
Weil Veränderung nur Schritt für Schritt funktioniert, erhältst du jede Woche per Mail Inspiration für dein gutes Leben: aktuelle Erkenntnisse aus Psychologie und Coaching. Dazu Fragen, Anregungen und weiterführende Tipps. Du kannst die Lektionen in deinem Tempo bearbeiten.

Deine Wahl
Du kannst weiter leben wie bisher. Nichts verändern. Oder dein Lieblingsleben gestalten. Gönne dir dein Lieblingsleben! Melde dich gleich an: *training.down-to-earth.de/swing*
20 Euro Rabatt mit Gutscheincode: DasguteLebenBuch

NOCH MEHR INSPIRATION

Dir hat das Buch gefallen und du findest es schade, dass du am Ende angekommen bist? Kein Problem: Du kannst von vorn beginnen – oder dir ein anderes Buch gönnen.

Ein paar Empfehlungen von mir, die für dich passen könnten:

Swing. Dein Leben in Balance

Mein erstes Buch, in dem ich das Swing-Konzept ausführlich erkläre und Impulse gebe, wie man für ein rundes, ausgewogenes Leben sorgen kann.

Die Hütte und ich. Gott neu vertrauen – eine Reise

Das wohl offenherzigste, persönlichste Buch, das ich je geschrieben habe. In einer Glaubenskrise fuhr ich für eine Zeit nach Antwerpen, um Antworten auf meine tiefen Fragen zu finden. Mein Tagebuch aus dieser Zeit habe ich zu einem Buch gemacht.

Schlicht + ergreifend-Serie

Pocket-Bücher im edlen Moleskin-Design zum Verschenken und selbst genießen. Von A wie Anfangen bis Z wie Zukunftsperspektiven geben diese Begleiter Inspiration und praktische Tipps zu verschiedenen Themen: Erfolg, Freundschaft, Leben, Liebe, Gebet.

Impulshefte und Quadros

Du willst einzelne Aspekte vertiefen? Kein Problem: Zu fast allen Themen dieses Buches findest du in den über 150 Impulsheften und Quadros von Down to Earth mehr Inspiration.

Alle genannten Titel sind erhältlich bei den üblichen Verdächtigen:
- deiner Lieblingsbuchhandlung
- *scm-shop.de*
- *down-to-earth.de*

IN VERBINDUNG BLEIBEN

Das Buch zuzuklappen, braucht nicht das Ende unseres Kontaktes zu sein. Es gibt viele Wege, mit mir in Verbindung zu kommen oder zu bleiben:

- **Der Blog**, auf dem ich von meinem Leben zu Wasser und zu Land erzähle: *kerstinpur.de*

- **Die ganz offizielle Seite** mit meinen Angeboten: Coaching, Seminare, Termine: *kerstinhack.de*

- **„Dein gutes Leben" und andere Trainingskurse**, die dein Leben stärken: *training.down-to-earth.de*

- **Mein kleiner, feiner Verlag**, der dich stärkt, dein Leben gut zu leben: *down-to-earth.de*

- **Die Partner**, mit denen wir das Buch zusammen gemacht haben: *scm-haenssler.de*

- **Social Media:** Mich und Down to Earth findest du bei Facebook, Pinterest und Twitter.

EIN PAAR SÄTZE, DIE NOCH MIT INS BUCH WOLLTEN

- Wenn die Türen zu sind, kann man durchs Fenster klettern.
- Langweilig können auch die anderen sein.
- Wer um sich kreist, ist noch nicht bei sich angekommen.
- Nur in meinen Grenzen finde ich Ruhe.
- Statt ablenken – hinlenken.
- Nimm nicht mehr To-dos an, als du auch wieder loswerden kannst.
- Träume schaffen Räume.
- Mit wem du gehst, prägt, wie weit du kommst.
- Wer aus jeder Mücke einen Elefanten macht, braucht sich nicht zu wundern, wenn er bald von einer Elefantenherde überrannt wird.
- Natürlich geht es. Ich weiß nur noch nicht, wie.